행복한 자장(磁場)을 만드는 힘

청소력

행복한 자장(磁場)을 만드는 힘

청소력

마쓰다 미쓰히로 지음 | 우지형 옮김

나무한그루

당신이 행복해지기 위해서는 주위를 행복하게 하십시오.
주위가 행복해지면, 당신도 행복하게 됩니다.

서문

청소에는 힘이 있습니다.

그 힘을 이용해서 청소를 하면 확실하게 효과가 나타납니다.

그 효과란 인생에 있어서의 여러 가지 고민거리나 문제의 호전, 사업의 번영, 행복한 가정, 꿈의 실현 등 입니다.

'에이! 설마?' 라고 생각하는 사람도 있겠지만, 사실입니다.

저는 이 힘을 〈청소력〉이라고 이름 붙였습니다.

단지 더러운 것을 치우는 의미의 청소가 아니라 〈청소력〉
인 것입니다. 이 힘의 구조와 사용 방법을 알면, 어떤 사람
이라도 놀랄 만한 효과를 체험하게 됩니다.

누구라도 할 수 있는 간단한 '청소'로 인생이 바뀌는 것입
니다.

'글쎄? 그런 일은 좀 믿을 수 없는데. 그렇지 않아? 학창
시절에 어떻게든 하지 않고 빠져 보려고 애썼던, 귀찮고
고통스러웠던 바로 그 청소 말이지?'
예, 여러분의 그런 마음 충분히 이해합니다.
하지만 바로 이 청소의 힘을 사용해서 훌륭한 꿈의 나라
를 건설한 곳이 있습니다. 여러분은 그곳이 어디라고 생각
하세요?

그곳은 바로 동경의 '디즈니랜드'입니다.
그리고 그 주역은 다름아닌 보이지 않는 곳에서 그림자

처럼 움직이는 청소 스태프입니다. 총 인원이 6000명에 달하는 그들을 커스토디알(Custodial)이라고 부릅니다. 그들은 300명씩 교대로 15분간 자신이 맡은 구역을 돌면서 디즈니랜드를 철저하게 깨끗한 공간으로 만들어 냅니다.

그래서 15만평의 동경 디즈니랜드 안에는 쓰레기 하나 없는 것입니다. 정말로 눈을 씻고 보아도 쓰레기를 찾을 수 없습니다.

이 쓰레기 하나 없는 공간에 나타나는 현상이 무엇이라고 생각합니까?

그것은 동화의 세계, 꿈의 세계, 천국과 같은 세계…….

당연한 얘기겠죠? 꿈의 나라에는 쓰레기 같은 것이 떨어져 있을 리가 없으니까요.

쓰레기로부터는 마이너스 에너지가 나오므로, 거기에 천사가 내려올 리가 없습니다.

월트 디즈니가 청소의 힘으로 실현한 세계, 그것은 사랑을 가진 사람들이 사는 천국과 같은 꿈의 세계였던 것입니다.

그곳에는 많은 사람들의 웃는 얼굴, 사랑과 용기, 꿈과 희망, 위로, 풍요로움 등이 넘쳐 흐릅니다.

그런 경험 없으세요?

어른임에도 불구하고 디즈니랜드에 발을 들여 놓은 순간, 마음이 들뜨고 마치 등에 날개라도 돋은 것처럼 몸이 가벼워지는, 그리고 눈에 보이는 모든 것이 반짝반짝 빛나 보이는 그런 느낌…….

그래요, 어떤 사람이라도 이 곳에서는 '좋은 사람' 이 되는 것입니다.

월트 디즈니는 이렇게 이야기했습니다.

"자 보세요. 이렇게 많은 사람들이 모두 기뻐하는 얼굴을 본 적이 있나요? 어린이도 어른도 이렇게 즐거워 하는 곳을……. 나는 한 사람이라도 많은 사람이 웃는 얼굴로 공원의 문을 나가길 바랍니다."

월트 디즈니가 꿈꾸었던 세계를 밑바탕에서 지탱하는 것.

그것은 깨끗한 공간이 갖는 힘.

바로 '청소력' 입니다.

다시 한 번 말씀드리지만, 이 책은 절대로, 단순히 청소를 권하는 책이 아닐 뿐더러 청소하는 것만을 목적으로 하는 책도 아닙니다.

프로가 하는 청소는 별도로 한다 하더라도, 집이나 회사를 깨끗하게 하는 청소는 특별한 기술이 필요하지는 않습니다.

걸레를 짜는 것이 가능하면 OK입니다.

누구라도 오늘부터 실천 가능하고, 조금만 의식을 바꾸기만 하면 평균 21일만에 극적인 변화를 체험할 수 있습니다. 감성이 민감한 사람은 그 날 중에 실감할 수 있습니다.

이 책을 다 읽고 나서, 실천해 보았을 때, '운명이 호전되는 비밀'을 많은 사람이 실감할 것입니다.

실제로 나는 많은 사람들이 청소를 통해서 인생의 기적

을 체험하는 것을 보아 왔습니다.

지금까지의 당신 인생이 만약에 실패나 좌절이 많은 인생이라고 하더라도, 그것을 한탄할 필요는 없습니다.

지금까지의 실패나 좌절은 당신의 인생을 더욱 빛나게 하기 위해서 준비된 최고의 연출이었다고 생각하십시오.

당신은 최고로 강한 운의 사람입니다.

왜냐하면 이 책과 만났으니까요.

지금부터 운명의 대역전을 시작하십시오.

당신은 그 정도의 힘을 갖고 있습니다.

이 책이 당신의 행복하고 빛이 넘치는 미래를 열기 위한 계기가 되기를 빕니다.

청소력연구회

마스다 미쓰히로

당신은 최고로 강한 운의 사람입니다.

왜냐하면 이 책과 만났으니까요.

목차 CONTENTS

제4장 21일째, 당신은 성공자 체질이 된다!

제 **1** 장

인생을 극적으로 변화시키는
'청소력'

인생에 만족하고 있습니까?
방은 깨끗합니까?

이 책을 손에 넣은 당신에게 두 가지 질문이 있습니다.

당신의 인생에 만족하십니까?

당신의 방은 깨끗합니까?

이 두 가지 질문에 '예스'라고 답할 수 있는 분은 드물다
고 생각합니다.

자신의 인생에 100% 만족하진 않지만 방 안은 그럭저럭
생활이 가능하다면, 다소 더럽더라도 '이 정도면 괜찮지,
뭐'라고 생각하는 분들이 대다수겠지요.

또는 '나는 너무 깨끗한 방은 불편해. 사람 사는 곳인데 약간은 지저분한 구석도 있어야 마음이 놓여' 라는 분도 있을지 모릅니다.

여기서 제가 여러분께 전하고 싶은 말이 있습니다.

'당신이 사는 방이, 당신 자신이다.' 라는 것입니다.

즉, '당신의 마음의 상태, 그리고 인생까지도 당신의 방이 나타내고 있다.'는 것입니다.

지금 자신의 집에서 이 책을 손에 쥐고 있는 분들은 방을 한번 돌아 보세요. 만약 서점에서 이 책을 읽고 계신다면 자신의 집과 방을 떠올려 보세요.

매일 식사를 하는 식탁 위에 많은 것들이 널려 있지는 않나요? 식기를 치운 부엌 주변은 어떤가요? 전자레인지 속의 회전판은 음식물로 더럽혀진 채로 있지 않나요? 세면기의 거울은 치약 거품이 튀어서 들러붙어 있지 않나요?

하루의 피로를 풀어 주는 욕탕은 곰팡이로 가득하진 않

나요?

TV 위나 책장은 먼지를 덮어 쓰고 있지는 않나요?

화장실은 어떤가요?

현관은?

결혼하신 분은 자신의 영역 내, 예를 들면 PC 주변이나 책장 등을 살펴 보세요.

그것이 '당신 자신' 입니다.

제법 충격을 받은 분도 많으리라 생각됩니다.

다시 한번 말씀 드립니다.

'당신이 살고 있는 방이 바로 당신 자신' 입니다.

불행의 자장(磁場)을 만드는
더러운 방

저는 오랫동안 '하우스 크리닝' 일을 하고 있습니다.

그 덕분에 많은 분들의 방에 들어갈 기회가 있었습니다.

서민적인 분의 집에서부터 부잣집까지 아주 많은 방에 들어가 보았기 때문에 저는 '당신의 방이 당신 자신입니다'라고 감히 단언할 수 있는 것입니다.

부잣집이라고 해도 악덕업 같은 일로 벼락부자가 된 사람의 집은 뒤죽박죽 정리가 안되고 더러웠습니다.

여기저기 옷가지가 흩어져 있고, 온갖 잡동사니가 나뒹

굴고, 부엌도 설거지를 하지 않은 식기가 불결하게 쌓여 있었습니다. 뿐만 아니라 그 벼락부자 사장도 역시 언제나 초조하고 불만 가득한 얼굴을 하고 있었습니다.

반대로 진정한 의미로 풍요롭고 행복한 사람의 집 안은, 불필요한 것이 없고 시원하고 정말 깨끗했습니다.

그런 집에서의 일은 깨끗함을 유지하기 위한 하우스 클리닝이었습니다.

한때 저는 가정교사 파견업을 한 적도 있는데, 이때도 많은 분들의 집 안에 들어갈 수 있었습니다.

여기에서도 재미있는 법칙을 발견할 수 있었습니다.

그것은 방 안이 뒤죽박죽 지저분한 집은 어머니가 아이들의 교육에 이상할 정도로 집착하고 있었고, 부부사이도 그다지 좋지 않은 경우가 대부분이었습니다.

이 법칙은 저만이 느끼고 있는 것은 아닌 듯 합니다.

저돌적인 취재로 유명한 어느 기자가 일전에 텔레비전

방송에서 한 말이 있습니다. 범죄가 일어난 집에 취재를 가 보면, 예를 들어 사건이 아파트에서 일어난 경우라면 그 아파트의 외관만 보고도 몇 호실에서 사건이 일어났는지 알 수 있다고 합니다.

왜냐하면 그런 집은 베란다에 있는 화분이 말라 있다든지, 멀리서 보아도 뒤죽박죽 정리가 안 되어 있고 다른 집에 비해 확실히 더럽기 때문에 한눈에 알아 볼 수 있다고 합니다.

여러 종류의 방을 들어가 보고 그 주인을 만나 본 나의 결론은 단순합니다.

'방이 더러운 사람은 불행한 느낌이 강하고, 방이 깨끗한 사람은 행복감이 강하다'는 것입니다.

그리고 거기에서 그치지 않고, 방이 깨끗한 사람은 행복함이 배로 증가되고, 방이 더러운 사람은 불행한 일이 더욱 증폭되어진다는 사실입니다.

이것은 '유유상종(類類相從)'이라는 법칙대로인 것입니다.

당신의 마음을 반영한 당신의 방에 일정한 자장이 일어나, 당신이 발산하고 있는 에너지와 동질의 것을 끌어들이는 것입니다.

　　자장이라는 단어가 귀에 익숙하지 않나요?
　　실은 사람의 마음이나 사람들이 모이는 그 장소로부터는 '상념(想念)'이라는 에너지가 나옵니다.
　　그것은 전자기(電磁氣)나 전파의 법칙과 마찬가지로 그 에너지의 주파수와 같은 것이 끌려오는 것입니다.

　　즉, 당신의 마음이 풍요로움에 넘쳐서 좋은 상태에 있으면, 당신 주변에 좋은 자장을 만들어 내어 그 위에 좋은 것이나 풍요로움을 끌어당기는 것입니다. 그래서 당신의 마음은 더욱 충만해집니다.

　　당신의 마음의 상태가 지극히 자기 중심적인 분노나 질투, 푸념, 탐욕, 게으름, 시기심, 의심 등으로 가득 차 있으면 당신 주변에는 그런 최악의 자장이 만들어집니다. 그리고 안타깝게도 더욱 나쁜 것을 불러 내어서 마음 상태도 더욱 최악이 되고 맙니다.

반대로 집안이 더러워지면, 실제로 그 안에서 생활하고 있는 사람의 마음에도 영향을 줍니다.

어떤 심리학자의 연구에 의하면, 흐트러진 방, 청소가 되어 있지 않은 사무실 등에서 생활을 계속하면 생리학적인 면에서도 심박 수나 혈압이 증가하고 심장이 두근거리며, 목이나 어깨가 무거워지고 이유없이 초조해지거나 금방 화를 내게 된다고 합니다.

당신의 마음 상태와 당신의 방은 서로 영향을 주고 받아서 자장을 만들어 내는 것입니다.

그렇습니다. 깨끗한 방에는 점점 행복이 찾아 옵니다.

더러운 방에는 불행이 연이어 찾아 오게 됩니다.

도산, 이혼, 정신적
위기로부터 부활

이쯤에서 저의 체험담 하나를 들려드리겠습니다.

슬프게도 아까 말씀 드린 법칙대로 불행하게 된 예입니다.

저는 부끄럽게도 이전에 사업에 실패해서 부채를 안고

이혼, 실망, 무기력의 과정을 겪었던 경험이 있습니다.

이것은 바꿔 말하면 더러움으로의 프로세스입니다.

사업이 잘 되지 않으면 초조해지고, 그 초조함은 바로 방

이 더러워지고 난잡해지는 것으로 나타납니다.

지금 생각해 보면, 그 더러움이 또 다른 불행을 초래한 원인이었습니다.

그 더러움으로 인해 항상 초조한 마음.

날이 갈수록 그 초조함이 심해지면서 사업도 당연히 실패.

그 때문에 결혼생활도 부자연스러워지고 결국에는 이혼까지…….

그 다음에 이사한 곳에서도 저는 사업의 실패나 이혼 등으로 입은 상처를 극복하지 못했고 아무것도 손에 잡히지 않았습니다. 그러다 보니 새로 이사한 방도 곧 쓰레기더미가 되어 버렸습니다. 점점 지저분해지는 방만큼 차림새도 엉망이 되어 갔습니다. 수염은 제멋대로 자라나 지저분해지고 목욕탕 한 번 가지 않은 꾀죄죄한 얼굴에 옷차림도 노숙자와 다름없는 위험한 상태였습니다.

간호사 일을 하는 친구의 말에 따르면, 정신질환의 프로세스는 방을 청소하지 않는 것으로부터 시작되어, 옷차림도 차츰 불결하게 된답니다.

목욕도 안 하게 되고, 여성의 경우에는 화장도 안 하게 되고, 마치 더럽게 되려고 노력하는 것처럼 보인다고 합니다.

게다가 그런 사람들은 누군가가 자신의 방을 깨끗하게 하면 엄청 화를 낸다고 합니다.

그리고, 치료를 통해 정신질환이 회복될 때에는 그 반대의 프로세스를 겪는다고 합니다.

우선 자기 스스로 목욕을 하고, 청결해지려고 한답니다.

그 이야기를 듣고 저는 '음, 알 수 있어' 라고 생각했습니다.

저의 부활도 완전히 똑같은 프로세스를 겪었으니까요(다행히 정신질환까지는 가지 않았지만요).

제 부활의 계기는 고교 동창이었던 한 친구의 예기치 않은 방문에서 시작되었습니다.

그 친구는 제 방에 들어서자마자 "이게 뭐야? 뭐가 이렇게 더러워!" 라는 말과 함께 저의 용모를 훑어보더니 놀란 표정을 지으며 그냥 돌아가 버렸습니다.

그때 저는 '뭐 하러 온 거야, 저 자식은. 형편 없는 놈이네.' 라고 생각했습니다.

그런데, 다음 날 그 친구가 여러 가지 청소도구를 가지고 다시 찾아 왔습니다.

"너도 도와라." 라고 하면서 저에게 걸레를 건네고 방 청소를 시작하는 것이었습니다. 나중에 알았지만 그 친구는 청소 전문 회사를 운영하고 있었습니다.

너무나 갑작스런 일에 어리둥절하고 있는 동안에 청소가 끝났습니다. 친구는 시원한 얼굴로 "어때, 기분 좋지?" 라고 말했습니다. 그때 저는 처음으로 시원하게 기분이 좋다는 상쾌감을 맛보았습니다.

이것이 청소에 눈을 뜨게 된 계기입니다.

무직이었던 제가 이 일을 계기로 청소업계에 발을 들여

인생을 극적으로 변화시키는 '청소력'

놓게 되었습니다.

이 충격적인 체험으로 저는 방의 더러움을 방치해 놓았기 때문에 사업의 도산이나 이혼, 최종적으로는 정신적 위기와 불행을 불러 일으켰다는 교훈을 얻게 되었습니다.

제 경우에는 친구 덕분에 쓰레기 등의 불필요한 것을 치울 수 있었고, 방도 깨끗해져서 훌륭히 부활할 수 있었던 것입니다.

지금은 다시 좋은 여자를 만나서 결혼도 하고, 새로운 사업도 다시 시작하게 되는 등 연이어 행복한 일들이 일어나게 되었음을 실감합니다.

단지, 청소를 했다는 것만으로 말입니다.

마이너스를 끌어들였던 방의 자장, 즉 마이너스의 방향으로 진행되었던 나의 운명이라는 전차를 청소로 멈추게 할 수 있었던 것입니다.

깨진 유리창(Broken Window)의 법칙

이 법칙을 증명하는 재미있는 실험이 있었습니다.

1969년 스탠포드대학의 심리학자 '필립 짐바르도' 교수에 의해 실행된 매우 흥미 있는 실험이 그것입니다.

우선 치안이 비교적 허술한 골목을 고릅니다.

거기에 보존 상태가 동일한 두 대의 자동차를 보닛을 열어 놓은 채로 1주일간 방치해 두었습니다. 그 중 한 대는 보닛만 열어 놓고, 다른 한 대는 고의적으로 창문을 조금 깬 상태로 놓고 두 자동차를 관찰하기로 한 것입니다.

1주일 후, 두 자동차에는 확연한 차이가 나타났습니다.

보닛만 열어 둔 자동차는 1주일간 특별히 어떤 변화도 일어나지 않았습니다. 하지만, 보닛을 열어 놓고 차의 유리창을 깬 상태로 놓아 둔 자동차는 그 상태로 방치한 지 겨우 10분만에 배터리가 없어지고 연이어 타이어도 전부 없어졌습니다. 그리고 계속해서 낙서를 하거나 쓰레기를 버리고 부숴대서 1주일 후에는 완전히 고철 상태가 될 정도로 파손되고 말았습니다.

단지 유리창을 조금 파손시켜 놓은 것 뿐인데도, 그렇지 않는 상태와 비교해서 약탈이 생기거나, 파괴될 가능성이 매우 높아진 것입니다.
게다가 투기나 약탈, 파괴 활동은 단기간에 급격히 상승하는 것을 알게 되었습니다.

이 실험에서 사용된 '깨진 유리창'이라는 단어로 인해

'Broken Window' 라는 새로운 법칙이 만들어졌습니다. 차의 창문이 깨져 있는 상태가 마이너스 자장을 만들어 내서 동질의 것을 끌어 당기고, 그것을 점점 상승시켜 간다는 무척 흥미로운 실험이었습니다.

낙서를 지움으로써
범죄율이 75%나 감소한 뉴욕시

　'브로큰 윈도우'법칙은 나중에 세계 유수의 범죄 도시 뉴욕시의 치안 대책에 사용되었습니다.

　지금으로부터 약 20년 전인 1980년대, 뉴욕시에서는 연간 60만 건 이상의 중범죄 사건이 일어났습니다. 당시 여행객들 사이에서 '뉴욕의 지하철은 절대로 타지 마라.' 는 말이 공공연하게 나돌 정도로 뉴욕시의 치안은 형편 없었습니다.

　미국의 라토가스 대학의 겔링 교수는 이 '브로큰 윈도

우' 법칙에 근거해서 뉴욕시의 지하철 흉악 범죄를 줄이기 위한 대책으로 낙서를 철저하게 지우는 것을 제안했습니다. 낙서가 방치되어 있는 상태는 창문이 깨져 있는 자동차와 같은 상태라고 생각했기 때문입니다.

당시 교통국의 데빗 간 국장은 겔링 교수의 제안을 받아들여서 치안 회복을 목표로 지하철 치안 붕괴의 상징이라고도 할 수 있는 낙서를 철저하게 청소하는 방침을 내세웠습니다. 범죄를 줄이기 위해 낙서를 지운다는 놀랄만한 제안에 대해서 교통국의 직원들은 우선 범죄 단속부터 해야 된다고 반발했습니다.

분명히 그렇게 생각하겠지요. 낙서도 문제지만, 우선은 그런 작은 문제보다는 큰 문제인 흉악한 중범죄 사건을 어떻게든 빨리 단속하지 않으면 안 된다고 생각하는 것이 당연한 반응입니다.

그러나, 간 국장은 낙서를 지우는 것을 철저하게 행하는 방침을 단행하였습니다.

지하철의 차량 기지에 교통국의 직원이 투입되어 무려 6000대에 달하는 차량의 낙서를 지우는, 그야말로 터무니없는 작업이 수행되었던 것입니다.

지하철 낙서 지우기 프로젝트를 개시한 지 5년째 되던 1989년, 드디어 모든 낙서 지우기가 완료되었습니다.

낙서 지우기를 하고 나서 뉴욕시의 지하철 치안은 어떻게 되었을까요?

믿기 어렵겠지만, 그때까지 계속해서 증가하던 지하철에서의 흉악 범죄 발생율이 완만하게 되었습니다.

그러던 것이 2년 후부터는 중범죄 건수가 감소하기 시작했고, 94년에는 절반 가까이 감소하였다고 합니다. 결과적으로 뉴욕의 지하철 중범죄 사건은 놀랍게 75%나 급감했던 것입니다.

그 후, 1994년 뉴욕 시장에 취임한 '루돌프 줄리아니' 시장은 지하철에서 성과를 올린 범죄 억제 대책을 뉴욕시 경찰에 도입했습니다.

낙서를 지우고, 보행자의 신호 무시나 빈 캔을 아무데나 버리기 등 경범죄의 단속을 철저하게 계속한 것입니다. 그 결과, 범죄 발생 건수가 급격히 감소했고, 마침내 범죄 도시의 오명을 불식시키는데 성공했습니다.

학교 붕괴를 막은 화장실 청소

일본에서도 '브로큰 윈도우' 법칙을 통해 성공한 사례가 있습니다.

오사카의 한 공립 중학교는 한때 붕괴 직전의 위기에 직면한 적이 있었습니다. 요시카와 씨는 차남이 이 학교에 입학한 것을 계기로 PTA(학부모 교사 협의회)의 임원에 취임했습니다.

요시카와 씨는 취임 직후, 교내가 너무 황폐한 것에 대해

놀라움을 감추지 못했습니다. PTA의 임원으로서 무엇인가 하지 않으면 안 되겠다고 생각한 그는, 교장 선생님께 직접 교내를 순시하겠다고 말하고 정기적으로 학교 구석구석을 살펴보기 시작했습니다.

직접 순시를 통해 확인한 실태는 상상 이상이었다. 수업 중에 교내에서 자전거를 타고 돌아 다니는 학생, 페인트 낙서로 엉망이 된 벽, 여기저기 깨진 상태로 방치된 유리창 등. 그 수리비만도 어림잡아 1천만 원은 족히 넘을 것 같았습니다.

교실 안도 예외는 아니었습니다. 수업 중인 교실에서도 여기저기 돌아다니는 학생들이 있는가 하면, 아예 트럼프를 하거나 드라이기를 사용해서 머리를 만지고 화장을 하는 여학생도 있었습니다. 교탁 가까운 곳이 아니면 선생님의 목소리는 전혀 들리지 않았습니다. 수업 도중에 갑자기 울려대는 비상벨 소리는 선생님도 학생들도 익숙해져 버린 지 오래였습니다.

요시카와 씨는 이대로는 아이들의 미래가 위험하다는 생각과 함께 과연 개선책이 있을지, 있다면 그것이 과연 무엇인지를 고민하면서 교내 순시를 계속하고 있었습니다.

그러다 문득 생각이 미치는 것이 있었습니다. 그것은 '교내가 대단히 더럽다' 라는 것이었습니다. 학교 어디에서나 학생들이 먹다 버린 과자 부스러기가 나뒹구는 것을 쉽게 발견할 수 있었고, 화장실 변기에는 학생들이 버린 담배 꽁초가 수북히 쌓여 있었습니다.

그는 결의를 다졌습니다. 그것은 자기 혼자서라도 이 더러운 학교를 청소하자는 것이었습니다. 방과 후에 여기저기 흩어진 쓰레기를 줍는 것부터 시작했던 것이 하다 보니 교내의 화장실 청소까지 하게 되었습니다.

처음에는 요시카와 씨 혼자서 묵묵히 그 일을 시작했지만 시간이 흐르면서 PTA 임원 5~6명도 참가하게 되었습니다.

그것은 마치 뉴욕시의 치안 대책의 학교판이라고 할 수 있을 것입니다.

그렇게 몇 주가 지나면서 조금씩 작은 변화가 일어나기 시작했습니다. 더러운 곳이 깨끗해져 가는 만큼 학교에도 서서히 안정감이 보여지기 시작한 것입니다.

그러는 중에 학생들도 '아줌마 뭐해요?'라고 하나 둘 말을 걸어 왔고, 결국에는 자발적으로 청소에 참여하게 되었습니다. 그 일을 계기로 평소 될대로 되라는 식으로 학업에는 흥미를 잃고 모든 일에 방관자적이던 아이들도 공부에 전향적인 태도를 가지게 되었습니다.

붕괴 직전의 위기에 처했던 학교가 청소를 통해 마침내 되살아난 것입니다.

'청소력'의 두 가지 파워

제가 실제로 겪은 체험과 뉴욕시의 지하철, 일본의 중학교 이야기에서 공통된 점이 있습니다. 무엇인지 아시겠어요? 그렇습니다.

더러운 것이나 더러운 상태를 그대로 방치해 두면, 거기에 마이너스의 자장이 생기게 되어 자꾸 나쁜 사태를 끌어들이게 된다는 사실입니다.

그 마이너스 요인을 제거함으로 인해, 즉 청소를 행함으로써 저는 인생을 바꿀 수 있었고,

뉴욕의 지하철에서는 흉악 범죄가 억제되었으며,

중학교에서는 건전한 배움의 장이 만들어지게 되었던 것입니다.

이렇게 청소에 의해 극적으로 자신을 둘러싼 환경과 인생을 변화시키는 힘을 저는 청소력이라고 이름 붙였습니다.

이것이야 말로 청소가 가져다 주는 힘입니다.

청소에는 분명히 힘이 있습니다.

주변 상황을 바꾸고, 문제를 해결해 줍니다.

지금의 나에서 새로운 나의 모습으로 다시 태어나고, 자신이 소망하는 인생으로 다가갈 수 있도록 하는 힘이 바로이 청소력입니다.

이 청소력에는 두 가지 종류가 있습니다.

하나는 적극적으로 더러움을 제거함으로써 마이너스의 에너지를 없애고, 문제를 해결하는 '마이너스를 제거하는 청소력' 입니다.

그리고 다른 하나는 이 '마이너스를 제거하는 청소력'을 토대로 해서 그 위에 적극적으로 목적을 가진 플러스 에너지를 추가함으로써 강력하게 좋은 것을 끌어 당기는 '플러스를 끌어 당기는 청소력' 입니다.

　'마이너스를 제거하는 청소력' 은 당신에게 점점 밑바닥으로부터 기어 올라와, 본래의 능력을 발휘할 수 있는 파워를 제공합니다.
　한편, '플러스를 끌어 당기는 청소력' 은 당신에게 어떤 꿈도 이루어 주는 강운(强運) 파워를 제공합니다.
　이 청소력의 두 가지 파워로 당신의 운명은 극적으로 호전되어 갈 것임에 틀림이 없습니다.
　이 두 가지 파워의 구체적인 효과와 사용 방법은 제 2장과 3장에서 이야기하겠습니다.

　우선은 이 두 종류의 청소력을 사용한 궁극의 완성형, 저 디즈니랜드의 세계를 쌓아 올린 비밀을 소개하겠습니다.

디즈니랜드에 마법을 건
두 가지 청소력

디즈니랜드에는 '커스토디얼(Custodial)'이라고 하는 청소 스태프(staff)가 있습니다.

이 커스토디얼(통칭 커스토)에 의해 꿈의 세계 디즈니랜드의 기초가 만들어 진 것입니다.

이 커스토에는 두 종류가 있습니다.

'데이 커스토디얼'과 '나이트 커스토디얼'이 그것입니다.

얼마 전 저는 가족들과 디즈니랜드에 갔다가 매우 감동

적인 일을 경험했습니다.

몇 년만에 다시 찾은 디즈니랜드, 더구나 가족과 함께 간 것은 처음이어서 무척 설레는 마음이었습니다. 역에서 내리자마자 다섯 살 딸아이는 벌써부터 달리기 시작했습니다. "얌전하게 조심해 가야지" 하며 아이를 진정시켰지만 실은 35세인 제 마음도 아이만큼 들떠 있었습니다.

휴지 하나 없이 깨끗한 공원 안에 들어서기 무섭게 미키와 푸의 풍선을 사서 손에 쥔 딸과 저는 가슴에서 터져 나오는 즐거운 함성을 억제할 수 없었습니다.

기대했던 퍼레이드 시작 시간이 다가오자 서둘러 패스트 푸드점에서 먹을 것을 사들고 벤치에 자리를 잡았습니다. 그리고 입 안 가득히 햄버거를 집어 넣고는 이제나저제나 퍼레이드의 시작을 기다렸습니다.

그런데 퍼레이드 시작 5분 전쯤에 예기치 못한 사고가 일어나고 말았습니다.

주스를 들고서 신이 나서 떠들어 대던 딸이 발을 헛딛는 바람에, 퍼레이드를 잘 보려고 자리를 잡고 땅바닥에 앉아 있는 손님들 바로 앞에 주스를 흘려 버린 것입니다. 떨어뜨린 충격으로 플라스틱 뚜껑이 벗겨져 주스와 얼음조각이 바닥에 좍 흩어져 버렸습니다.

운 좋게 사람들에게 직접 주스를 엎지르지는 않았지만, 주스가 바닥에 앉아 있는 사람들쪽으로 서서히 흘러 가는 것이 문제였습니다.

저와 아내의 얼굴에서는 순식간에 웃음이 사라지고 말았습니다. 어떻게 좀 해 보라고 소리치는 아내와 어떻게 대응해야 할지 몰라서 허둥대는 저, 그리고 그 모습을 보고는 울어 대는 딸. 완전히 혼란 상태였습니다.

바로 그때였습니다.

"옷은 괜찮으세요?"

활짝 웃는 얼굴로 구세주처럼 등장한 이가 있었습니다. 바로 커스토였습니다. 그는 능숙하게 키친 페이퍼 같은 것으로 싹싹 물기를 닦아 내고 얼음조각을 치워냈습니다. 그러자 기다렸다는 듯이 곧 바로 마른 헝겊을 가진 다른 커스토가 나타나서는 눈 깜짝할 사이에 바닥을 훔쳐내서 원래

인생을 극적으로 변화시키는 '청소력'

상태로 되돌려 놓았습니다.

그리고는 상쾌한 미소를 지으며 "새 음료수를 가져다 드릴까요?" 라고 묻고는 바람같이 자리를 떠나갔습니다.

저희 가족은 금세 주변에 폐를 끼쳤다는 사실도 잊어 버리고, 꿈의 나라에서 꿈 같은 하루를 마음껏 즐길 수 있었습니다.

이 사건 이후 우리 가족이 디즈니랜드의 열성팬이 되었다는 것은 두말할 필요도 없습니다.

이것이 '데이 커스토디얼' 입니다.

일과 중에 빙글빙글 도는 퍼포먼스를 보이면서 빗자루와 쓰레받기를 가지고 쓰레기와 휴지를 치우는 사람을 본 적 없으세요?

그 사람들이 '데이 커스토디얼'입니다

이것은 청소력으로 이야기 하면, '플러스를 끌어 당기는 청소력' 으로 깨끗한 공간을 유지하고 우리들의 꿈을 이루어 주는 것입니다.

이렇게 즐거운 디즈니랜드의 꿈과 마법의 왕국을 지탱해 주는 것이 실은 폐점 후의 청소에 있다는 사실을 아십니까?

폐점 후, 밤 0시부터 아침 7시까지는 낮 시간에 손님이 있는 상태에서는 할 수 없던 곳의 청소나 공원 내 설비의 철저한 관리와 정비를 합니다.

이 청소 스태프가 '나이트 커스토디얼'입니다.

'나이트 커스토디얼'의 사명은 원상 복귀입니다.

하루 약 4만 명 이상의 손님이 방문하는 디즈니랜드는 아무리 수시로 쓸고 닦아도 금세 더러워지기 마련입니다.

'나이트 커스토디얼'은 우선 파크 내의 지면을 물로 씻어 냅니다. 그리고 화장실의 변기, 외등의 내부나 세면실의 구석구석까지 고객들에게 잘 보이지 않는 곳을 중심으로 낮에는 할 수 없는 곳을 철저하게 청소하는 것입니다.

'나이트 커스토디얼'을 실제로 해 본 사람에게 들은 이야기인데, '스페이스 마운틴' 등 보통 때도 어두워서 주위가 잘 보이지 않는 놀이기구의 안까지도 전기를 켜고서 구석구석까지 청소를 한다고 합니다.

그들의 청소 목표는 아기가 기어 다녀도 괜찮을 정도로 깨끗하게 하는 것이라고 합니다. 정말 놀랍죠?

이런 나이트의 청소를 토대로 한낮의 꿈과 마법의 천국을 실현시켜서 그 두근거림을 고객들에게 계속 제공하고 있는 것입니다.

이것을 청소력으로 이야기하면 '마이너스를 제거하는 청소력'에 해당됩니다.

디즈니랜드는 오픈 당시에는 청소가 제대로 안 된 쓰레기 공원이었다고 합니다. 그러나 '월트 디즈니'의 강한 이념 아래, '커스토디얼'을 만들고, 철저하게 오염이나 쓰레기를 없앴으며 게다가 꿈, 희망, 두근거림을 제공하여, 1일 4만 명의 고객, 웃는 얼굴, 돈을 쓸 수밖에 없는 곳으로까지 발전시킨 것입니다.

이 디즈니랜드의 예에서 두 개의 청소력의 효과와 두 개의 힘을 합했을 때 일어나는 힘을 이해하셨으리라 생각합니다.

다음 장부터는 이 두 개의 청소력에 대한 구체적인 효과와 실천 방법에 대해서 설명하고자 합니다.

'마이너스를 제거하는 청소력'은 당신에게
점점 밑바닥으로부터 기어 올라와, 본래의 능력을
발휘할 수 있는 파워를 제공합니다.

제2장

가장 밑바닥에서도
다시 살아나는 놀라운 파워,
'마이너스를 없애는 청소력'

플러스 사고만으로는
실패하는 이유

"Positive Thinking, 그대로의 자신이 최고, 사물의 좋은 면, 빛나는 부분만을 보자!"

이러한 적극적인 사고, 플러스 사고가 매우 유행하고 있습니다.

이 책을 접하신 분들 중에서 혹시 이 방법만으로 성공하신 분이 있습니까?

만약 그렇다면, 이런(?)《청소력》이라는 책을 들고 계실 리 없겠지요.

적극적인 사고, 플러스 사고만으로도 분명히 일시적으로

는 힘이 나고, 행동적이 될 수 있습니다. 하지만, 결국 잘 안 되는 것이 현실이 아니겠어요?

이러한 사고를 반복하는 사람은, 잘 관찰해 보면 기분이 좋을 때와 나쁠 때의 차가 크고, 적극적인 사고와 비관적인 사고 사이를 왔다갔다 하는 경우가 많습니다.

그들에게 있어, 적극적 사고나 플러스 사고는 일시적 강장제, 강심제에 지나지 않습니다.

마치 오랫동안 식습관이나 생활 습관이 안 좋아서 건강을 해친 사람이 병원을 다니면서 약을 먹고 일시적으로 몸이 좋아지는 일은 있어도, 일정 시간이 지나면 원래대로 돌아가서 병이 잘 고쳐지지 않는 것과 같습니다.

무엇을 감추겠습니까? 저 자신도 그랬습니다.

성공에 대한 책, 자기 계발 책을 수백 권은 독파했습니다. 자신의 꿈도 적어 보았습니다. 천만 원의 사진을 갖고 걸어 다니기도 했습니다. 취침 전에는 '나는 반드시 이룬다' 라고 암송도 했습니다. 그러나 제대로 성공하지 못했습니다.

물론 적극적 사고나 플러스 사고를 부정할 생각은 없습니다. 일시적이라고는 해도 그것으로부터 힘을 내는 파워를 받았으니까요.

플러스 사고는 방식에 따라서는 매우 효과적인 것은 틀림 없습니다. 그러나 이것만으로 성공하는 사람은 1%정도에 지나지 않습니다.

왜 대부분의 사람이 적극적인 사고나 플러스 사고만으로는 성공하지 못하는 것일까요? 무엇 때문이라고 생각하세요?

그것은 아무리 강력한 플러스 사고를 집어 넣어도 마음 깊은 곳에 그것을 지워 버리는 마이너스 에너지가 있기 때문입니다.

플러스의 밝은 면만을 보면서 나아가도, 당신의 마음 속 마이너스 에너지가 '그렇게 해서 잘 될 리가 없어' 라고 그것을 지워 버리는 것입니다.

운전을 예로 들어 보죠. 사이드 브레이크를 건 상태로 액셀을 밟으면 스피드가 나지 않습니다. 이런 상태로 고속도로를 달리려고 하면 자동차는 바로 연기를 내뿜다가 얼마 못 가서 고장이 나버립니다.

즐겁게 휙휙 고속도로를 달리기 위해서는 사이드 브레이크를 풀지 않으면 안됩니다. 그래요. 당신 자신이 잠재적으로 가지고 있는 마이너스 에너지를 없앨 필요가 있습니다.

자신이 잠재적으로 가지고 있는 마이너스 에너지를 없애는 것이 바로 청소라고 한다면 당신은 놀라시겠죠?

성공을 막는 마이너스 에너지를 없애는 방법

당신의 마음을 반영한 것이 당신의 방의 상태입니다.

이것은 1장에서도 이야기했습니다. 즉, 곰팡이, 쓰레기, 오염, 불필요한 물건, 난잡함은 당신의 마음 속에 있는 마이너스 에너지가 방에 표현된 것입니다.

더러운 방의 '마이너스 자장 공간'은 무섭게도 혼자서 이동하면서 거기에다 마이너스 에너지를 불러들이는 힘을 증폭시키는 것입니다.

이래서는 아무리 당신이 자기계발 책을 읽어도, 플러스

사고를 집어 넣으려고 해도, 자동차로 이야기하면 사이드 브레이크가 더욱 강하게 걸려 있는 상태입니다.

그래서 그냥 놓아 두면 당신은 성공과는 거리가 먼 인생을 살아 가게 되는 것입니다.

이제 아시겠죠?

잠재적으로 가지고 있는 마이너스 에너지를 없애기 위해서는 방을 청소하면 되는 것입니다!

간단하지요? 간단합니다만, 지금까지 자기계발 책으로 성공하지 못한 당신(저도 포함해서)에게는 무엇보다도 효과적인 방법입니다.

마음의 표현인 방의 더러움을 없앰으로써 당신의 마음속에 플러스 에너지를 지워버리는 마이너스 에너지도 동시에 지워 버릴 수 있는 것입니다.

이것이 '마이너스를 없애는 청소력'인 것입니다.

이 청소력의 구체적인 방법은 '환기', '버리기', '오염 제

거', '정리 정돈' 그리고 안정된 자장을 만드는 '볶은 소금'
입니다.

가득 찬 마이너스 에너지를
쫓아내는 '환기'

쓰레기나 오염으로부터 나오는 마이너스 에너지는 방 가득히 차 있습니다.

이것이 마이너스적인 불행의 자장을 당신의 방에 만들어 냅니다.

그것을 없애기 위해서는 '환기'가 필요합니다.

1장에서도 잠시 언급했습니다만, 제가 비참한 생활을 보내고 있었던 그 시기에는, 전혀 방의 환기를 한 적이 없었습니다.

친구의 도움으로 환기를 했을 때, 창문으로부터 시원한 바람이 들어 오면서 마음 속에 무어라고 말할 수 없는 부활의 에너지가 올라오던 것을 지금도 뚜렷이 기억합니다.

'환기'는 청소력의 기본입니다. 제일 먼저 실행하시기 바랍니다.
매일 한 번은 가능한 한 자연 환기를 해 주세요.

원룸 맨션같이 창문이 적은 경우에는 바람이 잘 들어오지 않습니다.
이럴 때는 창문을 열고, 화장실이나 목욕탕, 현관 혹은 레인지후드의 환기 팬을 돌리십시오.
그래도 공기가 빠지지 않는 곳이 있으면 적극적으로 선풍기 등을 사용해서 방 전체의 공기를 새로운 공기로 바꾸시기 바랍니다.

최근에는 공기 청정기나 에어컨으로도 환기가 가능하지

만, 자연 환기에는 이기지 못합니다.

오래된 공기는 당신의 건강에도 영향을 줍니다.

몇 해 전, 인간을 공포의 늪으로 빠뜨린 SARS도 자연 환기에 의한 감염 방지법이 널리 알려지면서 피해의 확산을 줄일 수 있었습니다.

환기를 하는 것이 최고의 백신이었던 것입니다.

운을 좋게 하는 것도, 성공을 손에 넣는 것도 우선은 건강한 생활이 기본입니다.

어느 단체에서 활동 중인 25세 여성 직원의 사례를 들어 보겠습니다.

그녀는 원룸 맨션에서 생활하기 시작하면서 약 2년간 자연 환기를 시킨 적이 거의 없었다고 합니다. 에어컨이 환기를 대신해 줄 것이라고 생각한 것입니다.

최근, 최신형의 에어컨이라면 자동 세정 장치가 붙어 있지만, 관리를 철저히 하지 않으면 오히려 곰팡이의 생산 공장이 될 수도 있습니다.

　그녀는 언제나 얼굴색이 안 좋고, 기침과 비염으로 고생해서 1년 내내 몸이 늘어진 것 같았다고 했습니다.

　항상 몸 상태가 좋지 않아서인지, 습관적으로 지각을 하게 되고 일을 하는 데도 집중력이 떨어져서 직장생활은 물론 사생활까지 불성실하게 되었다고 합니다.

　그녀는 매일, 친구와 잘 만나지도 못하고, 정시가 되면 바로 항상 닫혀 있는 방에 돌아가, 언제나 축 늘어진 상태였습니다.

　그런 그녀에게 '환기'의 중요성을 전했습니다.

　창문을 여는 것만으로는 바람이 잘 통하지 않아서, 할 수 없이 현관문까지도 열어놓았다고 합니다.

　그랬더니 바람이 힘차게 통하고, 방에 담겨 있던 먼지가 부옇게 올라가는 것이 보이더랍니다. 문을 닫아 놓은 상태에서는 이 먼지도 느끼지 못 했던 것이지요. 그날 이후 그녀는 아침, 저녁 정기적으로 자연 환기를 하기 시작했습니다.

환기를 하고부터 이른 아침의 신선한 공기를 느끼면서 커피를 마시고, 상쾌한 기분으로 지각도 하지 않게 되었다고 합니다.

만성 비염이라고 생각했던 것도 좋아지고, 게다가 만성 피로에 시달리던 몸도 훨씬 가벼워지면서 건강을 되찾아, 오랜만에 만났을 때에는 얼굴 색깔도 아주 좋아 보였습니다.

틀림없이 개인적인 시간 관리도 충실해졌겠지요.

당신도 환기의 파워를 반드시 손에 넣어 보세요.

시작하는 첫 걸음입니다.

'버리는' 것으로부터
새롭게 태어난다

쓰레기나 잡동사니 같은 오래된 것이나 불필요한 것은 그 자체가 마이너스 에너지를 발산합니다.

물건을 버림으로써 마이너스의 원인을 제거하고, 마이너스를 불러들이는 자장에 제동을 거는 것입니다.

버린다는 것은 쓰레기 등 불필요한 것을 버리는 것은 물론이고 생활을 하기 위해 꼭 필요한 것 이외에 모든 것을 버리는 것을 말합니다.

또한 버린다는 행위는 새로운 자신이 되기 위해서 불

필요한 요소를 버려나간다는 것입니다.

버리지 않으면, 새로운 것은 들어오지 않습니다.
새로운 운명도 오지 않습니다. 이것은 법칙이므로, 잘 기억해 두십시오.

청소력에 있어서 '버리는' 시점(視点)은 세 가지가 있습니다.
현재, 과거, 미래의 시점으로부터 당신이 새롭게 태어나려 하는 것을 방해하는 마이너스 에너지를 제거합니다.

1) 현재 '매일매일 생활 속에서 당신의 에너지를 빼앗는 것을 버린다.'

마음에 나쁜 영향을 주는 모든 것을 버립시다.
예를 들어 가십거리로 가득 찬 저속한 잡지, 극악한 공포, 성인 비디오 등…….

그런 것은 알지 못하는 사이에 점점 쌓여 갑니다. 그것이 방의 자장을 끌어 내려, 당신의 에너지를 매일매일 빼앗아 가고 무기력을 만들어 냅니다.

또 다시 쌓일지도 모르지만, 이번 기회에 한번 마음 먹고 버립시다.

2) 과거 '과거의 깊은 생각을 버린다.'

특히 버리기 힘든 것이 과거의 영광입니다.

먼지에 쌓여 있는 트로피가 그 상징적인 예입니다.

이것은 과거의 당신이 '트로피'이고, 현재의 당신은 '먼지'라는 것을 나타냅니다.

또한 과거의 여자나 남자의 사진이나 편지, 선물 등도 놓아 두고 싶어합니다.

실은 저도 러브 레터를 모은 '러브 박스'를 만들어서 보관해 둔 적이 있습니다.

이것은 과거에 자기가 얼마나 인기가 있었는지 등을 중

명하기 위해서 버릴 수 없었던 것입니다. 점점 인기가 없어
지니까 점점 버릴 수 없게 되지요.

이런 것들은 결국 과거에 살고 있으려는 것입니다.
마음 먹고 과감하게 버리십시오.

3) 미래 '미래에 대한 기대와 불안을 버린다.'

세 번째는 미래에 대한 기대를 버리는 것입니다.
다른 식으로 표현하면 '언젠가' 라는 것은 오지 않습니다.
언젠가 시간이 있을 때 스크랩 북을 만들 예정으로 신문
기사를 잘라낸 것.
언젠가 쓸지도 몰라서 가지고 있는 자료.
언젠가 바자회에 출품할까 생각하고 있는, 선물로 받은
식기 세트…….

이런 것들은 당신의 미래에 대한 기대와 미래에 대한 불

안을 나타내는 것들입니다. 이런 것들을 모아 놓은 상태에서 밝은 미래는 다가오지 않습니다.

용기를 내서 과감하게 버리십시오.

버리는 기술에 대한 재미있는 체험담을 하나 소개해 드리겠습니다.

27세의 한 남성이 있었습니다.

그는 언제나 '아, 나에게도 사랑하는 그녀가 있었으면!' 하고 넋두리를 내뱉곤 했습니다. 그런 그에게 청소력의 버리는 기술을 중심으로 어드바이스를 했습니다.

"사랑하는 그녀를 만들려면 무언가를 버리지 않으면 안 됩니다. 그것이 무엇인지를 잘 생각해 보세요." 라는 정도만 부언했습니다.

며칠 후, 그로부터 전화가 왔습니다.

"정말, 마음 먹고 버렸더니 덕분에 상쾌해졌습니다. 책장 가득한, '안에 있던 그녀' 를 전부 버렸습니다. 이렇게 후련한 기분은 어린 시절 이후 처음일 거예요. 버리는 김에 의

류랑 쓰지 않게 된 것도 버렸더니 쓰레기 봉투가 모두 일곱 개나 되었습니다. 정말 감사합니다."

그리고 나서 몇 주 후, 그로부터 다시 전화가 왔습니다.

"드디어 정말 여자 친구가 생겼습니다!" 라는 기쁨의 보고였습니다.

그는 도대체 무엇을 버렸던 것일까요?

이 책을 읽는 분이 남성이라면 아마 상상이 가리라고 생각됩니다.

책장 가득한, 안에 있던 그녀를 버리자마자 정말로 현실의 그녀가 생긴 것입니다.

버리는 행위를 다른 말로 표현하자면 '탈피(脫皮)'와 비슷하다고 할 수 있겠네요.

탈피라고 하면 어린 시절에 길렀던 한 마리의 아메리카 가재가 생각납니다.

어느 날 아침, 수조를 들여다 보던 저는 깜짝 놀랐습니다. 전날까지 힘이 없어 보였던 가재 한 마리가 어찌된 영문인지 두 마리로 변해 있었던 것입니다.

'와! 한 마리가 늘었네?' 의아해 하며 자세히 잘 들여다 보았더니, 그 한 마리는 빈 껍질이었습니다.

그 탈피한 아메리카 가재는 그후, 열심히 먹이를 먹고 건강해졌습니다. 탈피하기 전과 비교했을 때 훨씬 크게 자라고 확실하게 '파워 업' 했습니다.

탈피의 성질을 가진 생물은 탈피하지 못하면 죽고 맙니다.

하지만 사람은 버릴 수 없다고 해서 죽지는 않습니다.

그러나, 버리지 못하는 사람의 인생은 어떤 의미에서, 살아 가면서 죽어 있는 것인지도 모릅니다.

당신은 태어날 때 어떤 것도 가지지 않고 왔습니다. 그리고 또 죽을 때에도 어떤 것도 가지고 가지 못합니다.

필요 없는 것은 용기를 가지고 과감하게 버립시다.

과거의 굴레, 자신이 살아 온 인생, 쌓아 온 방의 자장을
일단 제로로 돌려 놓읍시다.

그러면 당신은 새롭게 태어나게 될 것입니다.

마음을 충만시키고, 문제를 해결하는 '더러움 제거'

먹다 흘린 얼룩이나 습기 많은 곳의 곰팡이, 마루에 쌓여 있는 먼지, 어린 아이가 있는 가정의 낙서 등, 이런 갖가지 '더러움' 은 당신의 마음이 현재 어떤 상태에 있는지를 알게 합니다.

예를 들어, 방에 먼지가 쌓이고 난잡한 것이 눈에 띌 정도가 되면, 당신의 마음 속에는 이미 초조함이 자라나 있고, 목욕탕에 곰팡이가 생기고 목욕 물때로 더러워져 있으면, 당신의 마음은 치료를 받아야 할 만큼 극도로 피곤한 상태일 것입니다.

또한 가족이 있는 분이라면 가족 전체의 마음이 방의 이곳저곳에 나타납니다.

저는 여러 부류의 사람들로부터 고민 상담을 받고 어드바이스를 하고 있지만 그 중에서 어드바이스의 효과가 가장 눈에 띄게 나타나기 쉬운 것은 청소력의 '오염 제거하기' 입니다.

화장실을 닦아 내는 것만으로 훌륭하게 부채 지옥으로부터 탈출한 한 남성의 사례를 소개합니다.

30세 독신이었던 그 남성은 소비자 금융으로부터 5천만 원 정도의 부채를 가지고 있었습니다. 원래 수입보다 많은 돈을 쓰는 습관이 있었던 그는 불행하게도 구조조정까지 당하게 되었습니다.

매월 이자를 갚기 위해서 매번 다른 곳에서 돈을 빌리고, 그래서 이자에 이자가 붙는, 불 보듯 뻔한 카드 지옥에 떨어졌습니다.

결국에는 더 이상 돈을 빌릴 곳도 없게 되자 악덕 사채업자한테까지 손을 뻗치게 될 정도로 더 이상 갈 곳이 없는 상태에 빠지고 말았습니다.

처음에는 제가 이런저런 조언을 해 주어도 건성으로 듣고, 오로지 '무슨 수를 써서든지 당장 돈을 갚았으면 좋겠다.' 그게 아니면, '지금 바로 돈이 될만한 이야기는 없느냐?'고 재촉만 해댔습니다.

하나의 문제에 깊이 빠져 있을 때는 여간해서 다른 사람의 이야기를 들을 수 없는 상태가 되나 봅니다.

이런 상태에서는 어차피 돈을 빌려 주어서 그 상태를 벗어나도, 결국 다시 그 상태로 돌아와 버려, 부채만 더 늘어나게 될 뿐이라고 저는 판단했습니다.

그래서 저는 그에게 "돈 이상의 것을 빌려 줄게." 라고 말하고는, 돈을 빌려주는 대신에 '걸레'를 빌려 주었습니다.

그는 어이가 없다는 표정으로 저를 바라보고 있었습니다.

"이 상황에서 탈출하고 싶으면, 어쨌든 일주일간 화장실을 반짝반짝하게 닦으세요."

저는 그의 반응에 아랑곳하지 않고 화장실 청소를 권했습니다.

제 경험상 금전 문제를 겪고 있는 사람에게는 화장실 청소가 좋습니다.

그는 일도 없고 시간이 남아 돌았기 때문에, "의미를 모르겠어." 라고 중얼거리면서도 매일 걸레로 화장실을 번쩍번쩍 빛나게 닦았습니다.

그의 경우에는 5일 정도 지나자 변화가 나타나기 시작했습니다.

집중해서 화장실을 닦고 있으니까, 어렸을 적에 일 때문에 집을 비우셨던 어머니에 대한 생각으로 '외로운' 기분이 다시 생겼다고 합니다.

억지로 참아왔던 '외로웠다' 라는 감정이 분출되어 그는 화장실을 깨끗이 닦으면서 오열할 정도로 울었다고 합니다.

그리고 그로부터 며칠 후, 여느 때처럼 화장실을 닦고 있는데 그 공간 전부가 빛나고 있는 것처럼 보였고, 마음 속이 충만한 생각으로 가득 찼다고 합니다.

그제서야 그는 '자신의 상황을 겨우 알아 차릴 수 있었다.'고 저에게 알려 주었습니다. 그 후, 취직도 하게 되었고, 덕분에 생각했던 것보다 단기간에 부채도 전부 갚을 수 있게 되었습니다.

돈을 빌리는 습관도 고치고, 조금씩 저축까지 시작했으며 '이제부터는 사회에 풍요로움을 전하자' 라는 각오로 열심히 살아가고 있습니다. 게다가 1년 후에는 기업(起業)을 하겠다는 목표를 세우고 분투 중에 있습니다.

그의 경우처럼, 장소를 설정하고 범위를 작게 하여 오염

을 제거하게 되면, 현재 잘 진행되지 않는 원인이 마음 속
깊은 곳에 있다는 것을 알아 차리게 됩니다.

그로 인해 문제의 근본적인 해결이 가능해집니다.

개성, 실력을 발휘하게 하는
'정리 정돈'

"어? 자료는 어디 있지?"

"CD가 어디 있었지? …… 여기 있다! 아니, 껍데기만 있잖아!!"

난잡한 방, 정리 정돈되지 않은 방에 살고 있으면 이와 같은 일이 자주 일어납니다.

그 공간에 있는 것만으로도 헤어날 수 없는 미궁에 빠져든 상태입니다.

자기 자신이 무엇을 해야만 하는지도 모르게 됩니다.

문방구나 서류가 각각 언제나 같은 장소에 있습니다.

열쇠나 지갑을 놓는 장소, 벗어 놓은 옷을 걸어두는 장소, 부엌의 식기 장, 각각의 수납하는 장소에 있어야 될 것이 있습니다.

모든 사물을 놓아두는 곳이 정확히 정해져 있는 상태는 자장을 가다듬는 일을 합니다.

'있어야 할 것이 있어야 할 곳에 있다' 라는 말 그대로입니다.

그리고, 주변의 것이 있어야 할 곳에 있으면, 자기 자신의 역할이 명확해집니다. 해야 할 일이 확실해집니다. 즉, 마음 속도 정리 정돈된다는 것입니다.

회사에서 실수를 연발해서 빈번하게 시말서를 쓰고, 언제 구조조정 당하더라도 할 말이 없는 37세의 남성으로부터 상담 의뢰를 받은 적이 있습니다.

그는 '회사에서 자신의 존재의 의미에 의문을 느낀다'

고 고백했습니다. 저는 그에게 정리 정돈의 청소력을 중심
으로 어드바이스 했습니다.

그 사람에게는 다음과 같이 실천하도록 했습니다.

우선 회사에 출근하면, 아침 일찍 자신의 책상을 정리 정
돈합니다.

처음에는 제일 위의 문방구가 들어 있는 서랍만 청소합
니다.

펜, 지우개 등 자기도 모르는 사이에 여러 개가 생겨서 여
기저기 들어 있지만, 매번 사용하는 것과 사용하지 않는 것
이 있습니다.

언제나 사용하는 것이나 마음에 드는 펜 등을 골라내고,
잘 사용하지 않는 것은 마음 먹고 버립니다.

매일 번갈아 가면서 하나의 서랍만을 깨끗하게 정리 정
돈하고 그렇게 하고 있는 자기 자신을 칭찬해 줍니다.

그날 일을 시작하기 전에, 첫 번째 서랍을 정리하고, 다음

날에는 두 번째 서랍을, 그리고 그 다음 날에는 세 번째 서랍을 정리하는 것입니다.

시간이 지날수록 점점 깨끗하게 정리되어가는 책상을 보면서 그는 기쁨을 느끼게 되었다고 합니다.

끝으로, 자기 책상 외의 장소까지 눈을 돌려서, 서류를 정리하거나 시간이 날 때는 사원용 화장실까지 청소하기 시작했습니다.

그러는 동안 점차 자신이 해야 될 일들이 하나 둘씩 보여지고, 업무와 관련한 실수도 없어지고, 자신감을 회복하게 되었습니다.

그는 총무부에 소속되어 있었지만, 사내 경비 삭감을 위한 새로운 아이디어를 내놓았고, 그것이 채택되면서 프로젝트 리더로 발탁되기도 하였습니다.

그 일을 통해 회사에도 공헌할 수 있게 되었고, 주위에서 자신을 필요로 하는 것을 실감하게 되었습니다.

이렇게 회사에서의 그의 마음을 나타내고 있는 책상 속을 정리 정돈함으로써 산만하기 쉬웠던 그의 마음도 정리되었고, 잠재의식 속에 있던 리더로서의 소질이 개화되었던 것 같습니다.

총 마무리, '볶은 소금'으로 안정된 자장의 완성

'환기'를 함으로써 방 안의 마이너스 에너지로 차 있던 공기를 쫓아냈습니다.

그리고 쓰레기, 잡동사니 등 불필요한 물건을 '버렸습니다.' 이것으로 과거와는 결별을 하고, 새롭게 태어났습니다.

'오염 제거'로 당신의 마음 속의 응어리를 풀어내고 치유했습니다.

'정리 정돈'으로 있어야 할 곳에 정확히 있음으로써 당신 본래의 역할과 방 안의 상쾌한 기분을 만들어 냈습니다.

그러면 마지막 총 마무리로, '볶은 소금'에 의한 안정된 자장을 완성시켜 봅시다. 소금은 예로부터 부정을 없애기 위해서 사용되어 왔습니다.

총 마무리에서는 앞에서 실행한 환기와 오염제거, 정리 정돈을 실행했음에도 아직 남아 있는 마이너스 에너지를 소금을 사용해서 흡수시키는 것입니다.

먼저 막소금을 준비합니다. 그것을 5분 정도 프라이 팬에 볶아서 수분을 날아가게 합니다. 뜨거워진 소금이 식으면, 방안에 뿌리고 나중에 청소기로 빨아들입니다.

놀랍도록 상쾌한 기분을 느끼실 수 있을 것입니다.

꼭 시험해 보십시오.

본래의 자신을 불러내는 파워

마이너스 에너지를 없애고, 당신의 행운에 제동을 걸고 있던 사이드 브레이크를 풀었습니까? 이것으로 당신 본래의 인생 흐름을 되찾고 그 흐름에 따라 부드럽게 당신의 인생을 달릴 수 있습니다.

당신의 본래의 힘으로, 개성을 100% 발휘하는 '최고의 자신'이 되는 것입니다. 이것이 안정된 상태입니다.

운이 좋아졌다거나 혹은 좋은 일이 생겼다고 느끼는 분이 많을 것입니다. 하지만 그것은 당신이 본래 가지고 있던 실력입니다.

그리고 이 상태 없이는 플러스 사고도 플러스 에너지도 효과가 없습니다(자세하게는 제 3장의 '플러스를 불러들이는 청소력'에서 이야기 하겠습니다).

여기에서 밑바닥에서 다시 일어나, 본래의 자기의 힘을 발휘했던 제 지인의 이야기를 소개하고자 합니다.

그는 제가 알고 있는 사람들 중에서 그 누구보다도 아이디어가 풍부했습니다. 장래가 유망한 예술가였고, 언제 만나도 자극적인 아이디어를 들려 주었습니다. 만날 때마다 저는 그 신선한 아이디어에 놀랐습니다.

그의 아이디어는 이 세상에 내 놓으면 많은 사람들을 기쁘게 하고 도와 줄 수 있는 것으로, 비즈니스로서도 거액의 부를 만들어 낼 수 있을 것이라고 생각하고 있었습니다. 그러나, 그 훌륭한 아이디어에는 어떤 공통점이 있었습니다.

그것은 어느 것 하나도 실현되지 않은 것이라는 점입니다.

그에게 방의 상황을 물어보자, '사람을 들어 오게 할 상태는 아니라'고 말했습니다.

거기에서 저는 '마이너스 에너지를 없애는 청소력'을 강력히 추천했습니다.

마이너스 에너지를 발산하고 있는 불필요한 물건을 없앰으로써 집중하게 하기 위한 것입니다.

그는 늘 닫혀 있던 창문을 활짝 열고, 겨우 잘 수 있는 장소만 남겨 두고 자리를 차지하고 있던 마루의 쓰레기나 잡동사니를 전부 버렸습니다(버려야 할 것이 너무 많아서 트럭까지 불렀다고 합니다).

몇 년이 지나도록 냉동실에 방치해 두었던 식품들과 그로 인해 무어라고 말할 수 없는 역한 냄새를 풍기는 냉장고 안도 깨끗이 닦았습니다. 구멍이 뚫린 채로 있던 벽도 직접 수리했습니다.

그렇게 해서 어지럽고 더러웠던 방이 정말 깨끗하게 변했고, 쓰레기가 차지하고 있던 공간에는 아름다운 햇살이 들어 오게 되었습니다. 그와 동시에 그의 인생에도 찬란한 빛이 들어오기 시작했습니다.

그동안 스스로 쓰레기처럼 방치해 두었던 아이디어를 기획서로 만든 것이 인정을 받아, 그림책으로 출판하게 되었던 것입니다.

그는 이렇게 말했습니다.

"방 청소를 한 후에, 지금까지 내가 실패했던 원인과 지금부터의 나의 사명을 깨달았습니다. 혼란스러웠던 아이디어를 살릴 방법이 여러 가지로 보이기 시작했고 그것을 알아 차렸을 때 나는 이미 방에서 집중해서 일을 하고 있더라고요."

아이디어를 이것저것 나열만 하고 시간만 질질 끌면서 일의 끝을 맺지 못했던 나쁜 습관이 거짓말처럼 사라져 버렸습니다. 청소력으로 마이너스 에너지를 제거하고 나자, 기획서를 만들어 채택될 때까지 겨우 한 달밖에 걸리지 않았던 것입니다.

이렇게 이 청소력은 문제를 해결하고, 본래 가지고 있던 힘을 자연스럽게 발휘하게 하는 것입니다.

당신이 혹시 무엇을 해도 잘 안되고, 재능은 있는데 성공하지 못하고 있다고 느끼신다면 우선 그 더러운 방부터 '청소력'으로 깨끗하게 하십시오.
반드시 당신의 개성과 실력이 발휘되어 최고의 당신이 될 것입니다.

가장 밑바닥에서도
기어 올라올 수 있다

지금 일본의 연간 자살자 수가 몇 명인지 알고 계십니까?
무려 연간 3만 4,427명(2003년 경시청 발표)이라고 합니다.

이라크 전쟁에서는 전쟁 개시로부터 2005년 3월까지의
전사자가 2만 2,000명에 달합니다. 한신 대지진 때 사망자
는 6,433명이었습니다.

불가항력적인 재해나 전쟁으로 인한 사망자보다 이처럼
자살자가 많이 나오고 있는 것은 심각한 사태입니다.

하루 평균 94명의 사람이 스스로 목숨을 끊고 있는 것입니다.

그 원인은 아마도 질병, 경제적 어려움, 가정 문제, 인간관계, 실연, 학업 부진 등이겠지요. 분명히 모두 다 심각한 문제입니다.

지금 가장 밑바닥에 있는 사람은 인생에 희망이 보이지 않을 것입니다.

그것은 본래의 자신은 어떤 자신이었는가를 망각한 상태라고 할 수 있습니다.

그러나 우리 인간은 어떤 고통이나 슬픔, 아주 밑바닥이라고 생각되는 상황에 처하더라도 반드시 기어 올라올 수 있는 존재입니다.

반드시 가능합니다.

청소력에는 밑바닥으로부터 다시 살아날 수 있는 놀라운

힘이 있습니다.

지금까지 소개한 실제 사례에서도 느낄 수 있었을 것이라고 생각합니다.

그리고, 무엇보다도 제 자신이 실증했으니까요.

만약 당신이 지금 고통 속에 빠져 있다면,

우선 청소부터 시작하십시오.

만약 당신 주변에 우울증을 겪고 있는 분이 있다면,

청소를 권하십시오.

그 사람이 청소를 할 기력이 없다고 하면,

당신이 청소를 대신 해 주세요.

당신마저도 청소를 할 기력이 없다면,

당장 제가 당신의 방을 청소해 드리러 가겠습니다.

상쾌하게, 확실하게, 선명한 공간을 매일 만드십시오.

조금씩이라도 좋습니다.

청소력을 실천하십시오.

반드시 가장 밑바닥에서도 기어 올라올 수 있습니다.

믿으세요.

청소에는 힘이 있습니다.

| 나이팅 게일의 청소력 |

　현대 간호의 기초를 쌓아 올린 '프로렌스 나이팅 게일'도 '청소력'을 이미 알고 있었던 것 같습니다.

　크레미아 전쟁 중에 그녀가 배속된 스크타리 영국 육군 병원의 병사 사망률은 42%나 되었습니다. 그런데 위생 위원회가 그 병원을 찾아 가서 청소 활동을 했더니, 반년 만에 병사들의 사망률이 2%까지 내려갔다고 합니다.

　사망률이 높았던 것은 병원 자체가 환기가 잘 안 되게 만들어졌고, 병원 건물도 하수도의 위에 세워져 있었던 것이 최대의 원인이었다고 합니다.

　나이팅 게일은 이 경험으로부터 아무리 우수한 의사나 간호사가 있어도, 위생 관리가 안 되어 있으면 근본적인 사망률 저하를 실현시키지 못한다는 것을 통감했습니다.

그래서 그녀는 그 후 환경 정비 활동에 중점을 두게 됩니다.

1859년에 발표한 '병원 각서'에서는 배수 설비, 바닥 및 벽의 소재, 그 중에서도 환기를 제일 중요시한 병원 건축을 주장했습니다.

나이팅 게일이 고안했던 병원 건축의 '파빌리온 방식'은 이후 많은 병원에 도입되었습니다.

콜레라가 영국을 휩쓸어 수많은 환자가 발생했을 때에도 콜레라 감염 확대를 방지하기 위한 위생 개혁으로 매우 큰 효과를 발휘했다고 합니다.

또한 병들고 가난한 자들에게는 가옥의 환기, 쓰레기 처리, 물의 여과 등 청소 방법을 가르쳤습니다.

주거 환경 개선에 의해 자택에서 간호하는 것은 전염병 대책이 될 뿐만 아니라 사람의 수명을 늘리는 방법이었던 것입니다.

더러움을 제거하고, 환경을 청결하게 하는 것의 중요성을 깨닫고 그것의 실현에 일생을 바친 나이팅 게일.

실제로 그렇게 해서 많은 사람의 목숨을 구한 나이팅 게일을 저는 마음으로부터 존경합니다.

저도 나이팅 게일을 목표로 삼아, 전 세계에 청소력을 확대시켜 많은 사람들의 운명을 크게 역전시켜 보이고 싶습니다.

제 3 장

꿈을 이루어 주는 강운(強運) 파워,
'플러스를 불러들이는 청소력'

당신의 꿈은 무엇입니까?

아침에 눈을 뜨면, 당신은 여느 때와는 다른 상쾌함을 느낍니다.

샤워를 하고 창문을 열면 신선한 푸른 하늘과 햇빛이 당신을 감싸줍니다. 신선한 바람이 방 안으로 들어옵니다.

"이 얼마나 기분 좋은 아침인가! 이 넘쳐 흐르는 파워는 다시 태어난 것만 같다."

이것은 '마이너스 에너지를 제거하는 청소력'을 실천하여 새로 태어난 당신입니다.

방을 들여다 보면, 마이너스 에너지를 불러들였던 쓰레

기나 오염이 흔적도 없이 자취를 감추었습니다.

시원하게 정리 정돈된 방은 당신의 에너지를 높여 줍니다.

"무언가 충만된 것 같아, 기분이 좋은데!"

그렇습니다. 환기를 하고 방의 쓰레기를 버리고, 오염을 제거한 것에 의해 본래의 당신을 찾은 것입니다.

게다가 이 넘쳐 흐르는 에너지를 사용해서 무엇인가에 공헌하고 싶다고 느껴지지 않습니까?

그런 기분을 가진 당신에게는 그 다음의 문이 열립니다.

'플러스를 불러들이는 청소력' 입니다.

이 청소력은 주위를 행복하게 합니다.

그래서 당신 자신의 꿈을 이루어 주고, 강운(强運)을 가져다 주는 파워가 있습니다.

제2장에서 잠재의식이 가지고 있는 마이너스 에너지를 제거하고, 사이드 브레이크를 푸는 방법을 말했습니다.

다음은, 막힘없이 당신의 인생길을 운전하기 위해서 '어디에 가고 싶은가' 라는 설정이 필요합니다.

그렇습니다! 목적지의 설정입니다.

자, 그런 당신에게 질문을 드립니다.

당신은 지금부터 어떤 꿈을 이루고 싶습니까?

부자가 되고 싶습니까?

자기 능력을 120% 발휘할 수 있는 일을 하고 싶습니까?

출세해서 리더가 되고 싶습니까?

창업을 해서 경영자가 되고 싶습니까?

회사를 더욱 번성하게 하고 싶습니까?

베스트셀러 작가가 되고 싶습니까?

대 스타가 되고 싶습니까?

행복한 가정을 만들고 싶습니까?

어떤 바람도 OK입니다.

당신이 마음 깊숙한 곳으로부터 정말로 바라고, 이 플러스를 강력하게 불러들이는 청소력을 순수한 마음으로 실천할 때, 당신의 꿈은 반드시 이루어 집니다.

모든 성공한 사람들이 사용한 골든 룰

'플러스를 불러들이는 청소력' 을 설명하기 전에, 당신의 꿈을 이루기 위해서 이 세계의 구조에 대해 말씀 드리겠습니다.

'골든 룰(황금룰)' 이라는 것을 아십니까?

'골든 룰' 이란 '남이 자신에게 해 주기를 바라는 것을 자신이 먼저 다른 사람에게 해 주라' 는 법칙(룰)입니다.

이것은 우리들의 인생에 행운과 성공을 가져다 주기 위

해서 절대 필요한 법칙입니다.

왜냐하면 이 법칙만이 너른 우주에 꽉 차 있는 '번영의 에너지'를 흘러 들어오게 하기 때문입니다.

실은 당신의 주위에는 눈에는 보이지 않지만, 번영의 에너지가 어느 곳에나 충만해 있습니다. 이 우주의 번영 에너지를 흘러 들어 오게 하는 것이 가능하면 어떤 바람도 손에 넣고 인생을 당신의 생각대로 움직일 수 있습니다.

그런 엄청난 에너지입니다.

미국의 자동차 왕, 헨리 포드는 이렇게 말했습니다.

"만일 내가 지금까지 쌓아 올린 모든 부를 잃어버린다고 하더라도, 5년만 있으면 다시 만회할 수 있을 겁니다. 왜냐하면 저는 무한한 우주의 번영의 에너지와 연결하는 방법을 알고 있으니까요."

포드처럼 방법만 알고 있으면 언제 어디서, 어떤 경우라도 그 번영의 에너지를 향유하는 것이 가능합니다.

세상에서 성공한 사람들이라고 불리우는 사람들 중에 많은 사람들은 이 '제공하면 제공받는다 ; 주면 받는다' 라는 법칙을 의식적이든지 혹은 무의식적이든지 사용하고 있습니다.

그러면 '남이 자신에게 해 주기를 바라는 것을 자신이 먼저 다른 사람에게 해 주라' 라는 것은 구체적으로 어떤 것일까요?

개인 차원에서 생각해 봅시다.

다른 사람이 자신에게 친절하게 대해주기를 바란다면, 다른 사람에게 먼저 친절하게 하십시오.

누군가의 도움을 받고 싶다면,

자신이 먼저 남을 도와 주십시오.

내 이야기를 들어 주기를 바란다면,

우선 남의 이야기를 들어 주십시오.

이것을 좀 더 넓혀 볼까요.

사회 레벨에서 생각해 봅시다.

그것은 '최고로 빛나는 자기 자신'을 이 세상에 제공하는 것입니다.

'최고로 빛나는 자기 자신'이란 자신의 강점을 의미합니다. 좀 더 깊게 이야기 하면, 당신 자신밖에 가지고 있지 않은, 당신의 개성으로부터 풍부하게 넘쳐 나오는 재능을 이 세상에 제공하는 것입니다.

자신의 강점을 발견하는 것은, '마이너스를 제거하는 청소력'을 지속적으로 반복해서 실천하고 있는 사이에 나타납니다.

당신 속에 넘치고 있는 것을 이 세상을 위해서 제공하십시오.

이것은 '드러커' 식으로 하면 '공헌'에 해당합니다.

'코틀러' 식으로 말하면 Social Marketing에서 말하는 '사회성'이라고 생각합니다.

현실 사회에서 살아가는 중에 우리는 주면 주는 것만큼 없어진다고 느낍니다. 실제로 물건을 나눠 가지면 그만큼 줄어듭니다.

그래서 많은 사람들은 줄어들지 않도록 자기 자신을 지키면서 살아갑니다.

많은 사람들이 충만하지 못한 인생을 살아가고 있는 이유가 거기에 있습니다.

그러나, 저는 오히려 당신에게 '주어라' 라고 말하고 싶습니다.

주면 줄수록 받게 됩니다.

이것이 성공으로 가는 절대 조건이고, 대 우주의 법칙입니다.

'언제나 최고의 자기를 제공하고, 많은 사람에게 공헌한다.' 라는 마음으로 살고, 삶 속에서 이를 실천했을 때야말로 최고의 성공 속에 사는 것이 가능합니다.

성공에 접속하는 플러그 '감사'

　꿈의 실현과 성공을 위해서 골든 룰에 맞는 '최고의 자기 자신'을 제공해 갑시다. 단 한 가지 주의해야 할 것이 있습니다.

　결코 자기 희생적이 되어서는 안됩니다. 위선으로 해도 고통스럽기만 합니다.

　이렇게 해서는 우주의 번영 에너지와 연결할 수 없습니다.

　확실하게 연결하기 위해서는 '플러그 (콘센트에 꽂는 그 플러그입니다)'를 번영의 에너지에 꽂아야 됩니다.

플러그는 '감사'를 의미합니다.

이 플러그를 정확히 꽂은 상태에서 처음으로 골든 룰은 자동적으로 발동하기 시작합니다.

이해하기 어려우십니까? 이미지를 떠올려 보세요.

당신과 우주의 번영 에너지를 연결하는 '코드'가 골든 룰인 '남이 자기에게 해 주기를 바라듯이 남에게 해 주어라'라는 것에 해당합니다.

이 '플러그'가 감사인 것입니다.

이 플러그가 골든 룰이라는 코드에 정확히 끼워져서, 우주의 번영 에너지에 연결되지 않으면, 아무리 골든 룰을 사용한다고 하더라도 거기에 흐르고 있는 번영 에너지의 양은 당신이 가진 그릇 만큼도 흘러 들어오지 않습니다.

'감사'가 없으면 '주는 것'도 '내가 너보다 나으니까 해 줄게'라는 식으로밖에 되지 않습니다.

주변 사람들이 있으므로 이 세상이 있는 것이고 자신이 있는 것입니다. 그것에 감사를 하고 최고의 자기 자신을 제공해야 됩니다.

감사로부터 출발해야 당신을 성공으로 인도하는 골든 룰이 발동되어지는 것입니다.

자동적으로 당신을 성공으로 이끄는 '감사의 자장'

'성공의 비결은 알았으니 이제 청소는 필요 없잖아?'

혹시 이렇게 생각하고 계십니까? 너무 서두르지 마세요.

아직 책을 덮어 버리기에는 이릅니다.

꿈을 이루기 위한 이 세계의 구조에 대해서는 이해하셨

겠죠?

우주의 번영 에너지에 '감사' 라는 플러그를 정확하게 꽂

고, 골든 룰에 근거해서 최고의 자기 자신을 다른 사람에게

주는 것이라고 했습니다.

이것을 가장 효율적으로, 가장 효과적으로, 그리고 간단하게 사용할 수 있는 방법이 있습니다.

벌써 눈치채셨을 겁니다.

기다렸습니다.

이것이 '플러스를 불러들이는 청소력' 입니다.

방에 나쁜 자장이 생기면 같은 종류의 나쁜 것을 끌어들입니다.

좋은 자장이 생기면 좋은 것을 끌어들입니다.

'유유상종' 이라는 법칙을 제1장에서 말씀 드렸죠?

거기에서 '마이너스를 제거하는 청소력'을 통해 안정된 상태로 돌려 놓은 당신의 방에 '감사' 라는 자장을 만드는 것입니다.

그렇게 하면 언제나 우주의 번영 에너지에 감사의 플러그가 꽂혀 있는 상태를 만들어 내는 것이 가능합니다!

이 상태에서 당신의 의식은 자동적으로 최고의 자기 자신을 제공하는 공헌의 에너지로 전환됩니다. 그리고 자동적으로 우주의 번영 에너지를 흘러 들어오게 하는 골든 룰이 발동되어져, 당신이 생각하고 있는 대로의 꿈을 현실로 끌어들이는 것이 가능해집니다.

이 청소력에는 준비할 것이 두 가지가 있습니다.
하나는 감사를 표현하는 '고맙습니다 ; 감사합니다' 라는 말. 또 하나는 청소에 반드시 사용해야 하는 '걸레'를 준비해 주세요. 이것만 준비하면 됩니다. 아주 간단하죠?

'고맙습니다' 라는 말에는 중요한 의미가 있습니다. '고맙습니다' 라는 것은 '일어날 수 없는 일이 일어났다!' 라는 기적의 실감이 그 근본입니다. 본래, '부처님' 이나 '하느님' 처럼 자기를 넘는 절대적 존재에 대해서 "오늘도 저에게 생명을 주셔서 정말 고맙습니다." 라고 하는 매일매일의 감사를 표현하는 말입니다.

그것과 동시에 다른 사람에 대해서는 "당신이 있어 주어서 정말 기쁩니다." 라는, 그 사람을 인정하고 존경하는 말이기도 합니다. 이처럼 '살고 있다' 가 아니라 '살아가게 해 주고 있다' 라는 것을 '감사'로써 표현한 말, 그것이 '고맙습니다' 입니다. 우주의 번영 에너지와 접속하기에는 딱 맞는 주문입니다.

이 '감사'라는 말을 사용해서 만드는 감사의 자장을 '감사의 공간' 이라고 이름 붙였습니다.
이제 당신의 방에 꿈을 이루어 주고, 성공의 길로 인도해 주는 '감사의 공간' 을 만듭시다.

호흡법으로 마음과
자장(磁場)을 다스린다

'감사 공간'을 만들 준비단계로서 처음에는 마음과 자장을 조절합니다.

알기 쉽게 이번에는 테이블을 예로 들겠습니다.

물론 '마이너스를 제거하는 청소력'으로 테이블 자체가 깨끗하게 되어 있어야 하는 것이 전제입니다.

이때, 잠깐 심호흡을 해 보시죠.

책을 내려 놓고, 가볍게 눈을 감고…….

우선 입으로 천천히 숨을 내뱉습니다.

처음에는 반드시 숨을 내뱉는 것부터 시작해 주세요.

거미줄을 뱉어내듯이 가늘고 길게 뱉어 주세요.

배의 깊은 곳으로부터 숨을 완전히 뱉어 내면, 코로 천천히 숨을 들이 쉽니다. 3회에 나누어서 깊게, 배가 불룩하게 나오도록 하세요.

소위 '복식 호흡' 입니다.

그때 숫자를 헤아려 보세요.

숨을 뱉어내고 1, 들이 마시고 2, 뱉어내고 3, 이런 식으로 천천히 깊게 호흡을 해 주세요.

대체로 처음에는 10정도까지, 익숙해지면 조금 늘려서 20정도까지 해 보세요.

어떻습니까?

마음이 상쾌해지고 평온한 기분이 되어가는 감각을 맛볼 수 있지 않으세요? 깊은 호흡을 확인하고 나면 점점 보통의 호흡으로 돌아 오십시오. 이 에너지로 청소를 합니다.

그 다음에는 걸레를 들고 테이블을 규칙에 맞추어서 천천히 닦습니다.

서두를 필요는 없습니다. 어디까지나 천천히, 천천히입니다.

목적은 자장을 조절하는 것이므로 천천히, 천천히, 붓글씨를 한 자 한 자 쓰듯이 닦아 주세요.

자기 바로 앞에서부터 위쪽으로 닦고 나서, 걸레를 크기의 반 정도 옆으로 옮겨서 이번에는 거기에서 밑으로 닦습니다.

이때 조금 전에 닦았던 열과 겹치듯이 해서 닦는 곳에 틈이 안 생기도록 해 주세요. 이것을 반복합니다.

위 아래로 닦는 것이 끝나는 시점에서부터 계속해서 옆으로 닦아 주세요.

이것도 한 자 한 자 붓글씨를 쓰듯이 살짝 위치를 옮기면서, 조금 전에 닦았던 곳과 겹치듯이 해서 닦습니다.

그리고 마지막으로 옆으로 닦는 것이 끝나는 지점으로부터 터 테이블의 가장자리를 닦아내면 완성입니다.

이 기본적인 닦아내는 방식을 마스터해 두면, 테이블 이외의 가구 등을 닦을 때에도 응용할 수 있습니다.

이미 체험한 분도 있겠지만, 이 방법을 사용하면 어느 새 기분이 안정되고, 몸이 등쪽으로부터 따뜻해져 옵니다.

이것은 호흡법에 의해 몸 안에 신선한 산소가 순환되면서, 피가 뭉쳐 있던 곳의 혈액 순환을 원활하게 하여 몸의 구석구석까지 혈액이 흘러가기 때문입니다.

거기에다 천천히 몸을 움직여 자장을 조절함으로써, 마음도 편안하게 안정되는 것입니다. 언뜻 요가하고 비슷해 보이죠?

우선 이 방법으로 마음이 평온해지는 것을 실감하는 것부터 시작해 보세요. 매우 간단한 방법입니다.

바빠서 마음이 술렁거릴 때, 몸이 무거울 때, 초조할 때에도 효과가 있습니다.

이 청소력으로 어깨 근육통이 좋아졌다는 여성도 있습니다.

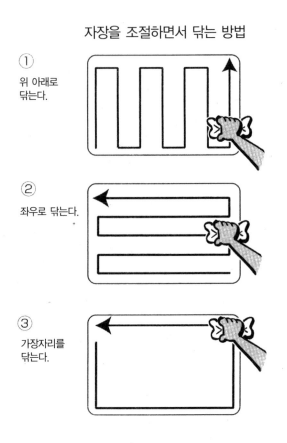

자장을 조절하면서 닦는 방법

① 위 아래로
닦는다.

② 좌우로 닦는다.

③ 가장자리를
닦는다.

실천! '감사 공간'의 창조

자, 그러면 '감사 공간'을 만드는 방법입니다.

이렇게 간단하게 가르쳐 주어도 좋을지 모르겠다는 생각
도 들지만, 저도 골든 룰에 따라서 마음껏 가르쳐 드리겠습
니다.

호흡법으로 마음과 자장을 조절하고, 여기에 '감사'라는
말과 '걸레'를 사용해서 감사의 자장을 만듭니다.

시작하기 전에 감사의 타깃을 정합시다. 대상이 있어야
감사의 공간을 빨리 만들어 낼 수 있습니다.

우선 연습이니까 가까운 사람도 좋습니다.

바로 마음 속에 떠오르는 소중한 사람, 남편이나 부인, 아이들, 부모님, 혹은 그녀나 그이, 혹은 회사의 상사나 부하… 당신을 둘러싸고 있는 사람들 중에서 좋은 관계를 갖고 싶은 사람, 행복하게 되었으면 하는 사람을 고르세요.

그리고 그 사람의 일을 생각하고, '고맙습니다' 라고 말하면서 걸레로 닦는 것입니다. 물론 목소리를 내지 않아도 좋습니다.

말하는 것도 여러 가지 느낌으로 바꿔 보아도 좋습니다.

예를 들면, '고마워요' 라고 해도 좋고 '언제나 정말로 감사!' 라고 해도 좋습니다.

닦는 방법은 전과 마찬가지로 위 아래로, 옆으로, 천천히 닦습니다. 동시에 상대방에게 의식을 집중하면서 말을 합니다.

예를 들어, 부인에게는 '언제나 뒤에서 받쳐 주어서 정말로 감사!'

아이들에게는 '너는 아버지의 자랑이다. 네가 있어 주는 것만으로 나는 기쁘다. 고맙다.'

상사에 대해서는 '언제나 지도해 주셔서 감사합니다.'

부하에게는 '너희들이 있어 주어서 언제나 큰 도움이 된다. 덕분에 나도 상사로서 있을 수 있는 거야. 정말로 고맙다.'

이렇게 각각의 대상자에게 마음을 담아서 말합니다.

처음 시작하는 단계에서 마음을 담아서 하는 것이 잘 안 될 경우에는 기계적으로 '고맙습니다.' 라고 말하면서 닦고 있어도 좋습니다.

그러다 보면 실감하게 됩니다.

그러나 이렇게 생각해 보세요.

만일 그 사람이 없다면 어땠을까요?

만일 부인이나 남편이 없다면?

아이들이 없었더라면?

부모님이 없었더라면?

일을 마치고 집에 돌아가도 맞아 줄 가족이 없다면?

매월 급여를 받는 회사가 없다면?

사장이 없었다면?

상사가 없었다면?

부하가 없었다면?

당신에게는 사랑해야만 할 사람이 있습니다.

'언제나 있어 주어서 감사!'

이런 마음으로 닦는 청소 동작과 마음을 담아서 그것을 반복해 가는 중에, 불현듯 가슴이 따뜻하게 되는 순간을 체험하게 됩니다.

마이너스 에너지가 제거되어 있으므로 비교적 단시간에 가슴이 따뜻해지는 체험이 가능하다고 생각합니다.

그리고 계속해 나가면 확실하게 '감사의 공간'이 만들어집니다.

실은 저는 시험삼아 거실에서 아내를 대상으로 2주일 정도 '감사의 공간' 만들기를 해 본 적이 있습니다. 물론 아내에게는 비밀로 하고요.

처음에는 아내가 이상하게 생각했습니다. 남편이 갑자기 하루에 세 번씩 식사 때마다 식탁을 닦기 시작했으니 이상하게 생각되는 것이 당연할 것입니다.

그러나, 담담하게 계속하다 보니 점차로 감정이 들어가게 되고, 어느 순간 아내에게 감사하는 마음이 우러나서 저도 모르게 눈물까지 흘리며 마음 속으로 '감사해, 감사해'라는 말을 반복했습니다.

그렇게 시작한 것이 2주일째 되던 날, 출장 때문에 집을 비우게 되었을 때 그 효과가 나타났습니다.

아내로부터 전화가 걸려 온 것입니다. 왠지 좀 이상했습니다. 전화 속에서 아내가 울고 있었습니다.

"왜 그래? 무슨 일 있어?"

"지금 저녁 식사를 마치고 테이블을 닦는데 갑자기 가슴이 벅차 올라서……. 여보, 정말 고마워요."

갑작스런 아내의 말에 저도 가슴이 벅차 올랐습니다.

2주일만에 아내에게 영향이 나타난 것입니다.

저희 집에 '감사의 공간'이 창조되는 순간이었습니다.

그날 이후 저는 테이블을 닦으면서, 감사의 마음이 더욱 깊어지게 되었습니다.

친구들, 사원들, 고객, 아파트의 관리인이나 슈퍼의 카운터 여직원에 대해서도 감사의 마음으로 가득 차게 되었습니다.

거기에 그치지 않고, 화병에 꽂힌 꽃에게도 '고마워'라고 감사하는 마음이 생겼습니다.

그리고, 저에게 모든 행복을 안겨 주는 우주의 번영 에너지에 대해서도 감사의 마음이 깊어지게 되었습니다.

그때부터는 감사하고 또 감사해도 모자랄 정도로 매일매일 꿈을 향해서 좋은 방향으로 나아가는 것을 실감하게 되었습니다.

새로운 창업, 세미나의 개최, 기대 이상의 경제적 발
전⋯⋯.

당신도 '감사의 공간' 만들기를 실천해서 반드시 이 효
과를 실감했으면 좋겠습니다.

오랫동안의 취미를 살려서 수입 UP

일도 가정도 나름대로 순탄한 34세의 회사원이 꿈을 이룬 예를 말씀드리겠습니다.

그는 하루 세 끼 식사보다 낚시를 더 좋아해서, 자신의 꿈도 매일매일 원하는 만큼 루어 낚시를 즐길 수 있을 정도의 경제적인 여유를 가지는 것이었습니다.

그래서 그는 자신의 방, 회사, 그리고 언제나 자주 낚시를 가는 낚시터 주변의 청소를 시작했습니다. 낚시를 하는 장소 주변은 옥외이므로 빗자루로 쓸면서 감사의 말을 반복했습니다.

자신은 "평범한 회사원이지만, 오랫동안 낚시를 할 수 있게 해 주셔서 감사합니다." 라고 신께 그리고 물고기에게도 감사를 드렸다고 합니다.

2주일간 계속하는 도중에, 돌연 '나는 얼마나 많은 혜택을 받은 사람인가?' 라는 생각이 들면서 눈물이 멈추지 않았다고 합니다. 그리고는 무엇인가 이 은혜를 갚을 일이 없을까를 생각하게 되었다고 합니다.

엔지니어인 그는 공장에 납품하는 대형 기계의 유지·보수 등을 담당했습니다. 그가 몸 담고 있었던 회사는 소규모 회사로 변변한 인터넷 홈페이지도 없었습니다. 그러던 어느 날, 갑자기 회사 홈페이지를 만들게 되었고, 별로 PC에 대해서 잘 알지도 못하는 그가 그 홈페이지 제작의 책임을 맡게 되었습니다.

다행히 거래처 사람들과 PC에 능통한 부하들의 도움으로 홈페이지 제작을 완성시킬 수 있었습니다.

그런데 간신히 홈페이지가 완성되었을 때, 그의 뇌리에 번득이는 것이 있었습니다.

자기 자신의 강한 점을 살리는 방법이었습니다.

동료들 사이에서 호평을 받았던 '핸드 메이드 루어'를 인터넷 상에서 판매해 보겠다는 생각이 퍼뜩 들었던 것입니다.

운 좋게, 회사에서 홈페이지 작성의 핵심을 배웠던 것이 큰 도움이 되었다고 합니다.

인터넷 숍을 성공시키기 위해서는 나름대로의 창의와 연구, 노력이 있었다고 생각되지만, 어쨌거나 그가 만들어 낸 핸드 메이드 루어가 인터넷 상에서 대 히트를 기록하였습니다.

덕분에 회사에서 받는 급여의 약 2배를 부수입으로 벌게 되었다고 합니다.

예상 외의 수입이라는 꿈도 이루어지고, 무엇보다도 많

은 '루어' 팬들이 기뻐하는 것이 너무 좋았다고 합니다.

오랫동안의 취미가 그 분야에서 공헌하는 것으로 변한 좋은 예입니다.

매출 20% UP의 인기 살롱

　다음에 소개하는 사례는 손님을 대상으로 '감사의 공
간'을 도입해서 매출 신장을 이룬 한 살롱의 대표적인 예
입니다.

　동경 내의 최고 번화가에 여러 개의 점포를 가지고 아로
마테라피 살롱을 전개하고 있는 회사의 이야기입니다.
　그곳은 원래 여성 사장의 이념이 훌륭하고 종업원도 정
말 확실하게 교육을 받고 있는 회사로 알려져 있습니다.
　물론, 기술도 일류이고 서비스도 충실해서 매우 인기가

높은 살롱이었습니다.

우연한 기회에 그 살롱을 총괄하는 매니저와 이야기할 기회가 있었습니다.

그때 저는 청소력의 이념과 효과에 대해 이야기했습니다. 살롱의 매니저는 "그거 상당히 재미있는데요." 라는 반응을 보였고, 이야기가 끝났을 때는 감명까지 받았다고 했습니다.

그 매니저는 곧바로 사원 연수 때, "내가 아는 사람 중에 '감사' 의 마음을 가지고 청소를 해서, 그곳에 '감사의 자장' 을 만들어내는 사람이 있습니다. 여러분들도 손님에게 단지 기술적인 시술을 제공하는 것만이 아니라 정말로 마음으로부터 '고맙습니다' 라고 생각하면서 살롱에 오는 손님들에게 최고의 시간을 제공해 주시기 바랍니다." 라고 지도를 했다고 합니다.

그것을 듣고 있던 테라피스트 사원들이 그 교육 내용을 각자 자기들 점포에서 실천하기 시작했다고 합니다.

개점하기 전에 '감사의 공간'을 창조한 것입니다.

자신의 손가락으로부터 '치유의 에너지'가 나와서 손님도 치유된 것에 기뻐하는 것을 상상했습니다.

그리고 마음 속으로 '고맙습니다'를 반복하면서 손님이 출입하는 입구의 문, 카운터, 손님이 앉는 소파, 아로마테라피의 시술을 행하는 침대나 기구를 닦았습니다.

시작한 직후부터 손님의 반향이 매우 좋았고, 그 달의 매출이 무려 20%나 늘었다고 합니다.

게다가 재방문 비율, 입소문으로 친구를 소개하는 비율이 비약적으로 늘었습니다.

그 매니저도 "제 자신도 도무지 믿을 수 없습니다. 정말 '청소' 하나로 이렇게까지 변하는 것일까요?"라고 저에게 물어 올 정도였습니다.

저는 "그것이 '청소력'의 위력입니다." 라고 답해 주었
습니다.

손님을 대상으로 '플러스를 불러들이는 청소력'을 도입
하게 되면, 고객 마인드를 자연스럽게 알게 됩니다.
그것이 고객을 강력하게 끌어당기는 것이 됩니다.

회사의 매니지먼트에 성공

마지막으로 사원의 매니지먼트에 성공했던 회사의 사례
를 소개합니다.

이 분은 기술자 출신의 젊은 사장으로, 아르바이트를 포
함해서 사원 수가 10명 정도 되는 작은 회사를 4년째 경영
하고 있었습니다.

그가 털어 놓은 고민은 이랬습니다.

"일을 사원에게 전적으로 맡길 수 없기 때문에 언제나
정신없이 바쁘기만 합니다. 회사를 더 발전 시키기 위해서

는 지금의 사원으로는 약간 걱정입니다. 다소 인건비가 들더라도 우수한 인재를 채용하는 것이 좋지 않을까요?"

저는 그 회사의 사무실과 작업장을 돌아보고 몇 가지 신경이 쓰이는 포인트를 체크하도록 했습니다.

그리고, 그곳을 '마이너스를 제거하는 청소력' 으로 철저하게, 그리고 깨끗하게 하도록 어드바이스했습니다.

그 다음에 그 공간에 '플러스를 불러들이는 청소력' 인 '감사의 공간' 을 만들도록 권했습니다.

그는 바로 다음 날부터 청소력을 실천했습니다.

그 사장은 먼저 사원들이 매일 사용하는 화장실을 청소하려고 화장실에 들어갔다가 보통 때는 느끼지 못한 더러움을 발견하고 심한 불쾌감을 느꼈다고 합니다.

자장의 의미를 저를 통해 들어서 잘 알고 있었던 만큼, 이 더러움이 회사의 현상을 나타내고, 사장인 자신의 마음을 투영하고 있는 것을 그는 처음으로 인식하였습니다.

그는 우선 '마이너스를 제거하는 청소력'을 실천했습니다.

매일 아침 사원들이 출근하기 훨씬 전에 회사에 나가 화장실 청소를 시작했습니다.

며칠 걸려서 화장실의 구석구석까지 청소를 하고 상쾌하고 선명한 공간을 만들었습니다.

그리고 나서야 겨우 '플러스를 강하게 불러들이는 청소력'의 실천 단계로 접어들었습니다.

우선은 한결같이 '고맙습니다'를 반복하면서 화장실의 거울, 손 씻는 곳, 변기, 바닥 등 매일매일 순서대로 깨끗하게 했습니다.

다음으로 천천히 '감사의 자장'이 만들어지도록 닦아 나갔습니다. 또한 사원 한 사람 한 사람에게 감사하는 마음을 가졌습니다.

그렇게 1주일 정도 지났을까요? 사장의 출근이 빨라서인지 어느 새 사원들도 점점 출근 시간이 빨라졌습니다.

그래서 사내 전체가 자연적으로 긴장감이 돌고, 어느 새 회사 전체가 청소를 하게 되었다고 합니다.

어느 날 아침, 여느 때처럼 화장실을 청소하다가 불현듯 다음과 같은 기분이 들었다고 합니다.

'그러고 보니, 처음에는 혼자서 청소를 했는데, 지금은 전 사원이 청소를 하고 있네. 정말 이상한 일이야. 지금까지 느끼지 못 했지만, 그들은 회사를 위해서 열심히 노력을 하고, 회사에 공헌하고 있었던 거야. 그것을 내가 인정하지 않으면 안 되는 거야.'

그날, 사원 한 사람 한 사람에게 "언제나 고마워!" 라고 말을 붙였습니다. 그러자, 사원들의 얼굴과 일하는 모습에 변화가 나타났습니다.

그는 지금까지 느끼지 못 했던 사원들과의 일체감을 느꼈습니다.

그때 '그래, 이런 것이야 말로 서비스 마인드야!' 라는 생각이 번득였다고 합니다.

그래서 사원들에게 "우리 회사는 기술을 팔아 왔지만, 이제부터는 기술+서비스를 팔아 가자." 라고 말하고 연간 목표를 정했습니다.

그 후, 사원 한 사람 한 사람의 강점을 살린 업무의 정의를 제시했더니, 전체의 사기가 오르고, 4개월만에 연간 목표를 달성해 버렸다고 합니다.

"밖에서 우수한 인재를 채용하지 않으면 안 될 것이라고 생각했었는데, 실은 가까이에 이렇게 훌륭한 인재가 있었다는 것을 느끼지 못하고 있었습니다. 결국 내가 사원들의 능력을 믿지 못하고 그들의 강점을 끌어내지 못 했던 것입니다."

그는 경영자로서 깊게 반성했다고 합니다.

이 사람처럼 화장실 청소에 특화해도 좋습니다.

모든 청소에 적용되는 얘기지만, '고맙습니다' 라고 반복하면서 청소하는 것을 잊지 마십시오.

자신도 주위도 행복하게 하는 파워

'고맙습니다' 라고 소리내면서 청소를 하면, 거기에는 감사의 자장이 만들어집니다. 우주의 번영 에너지에 연결되는 '감사의 공간' 이 만들어집니다.

이것이 플러스를 끌어들여서, 당신의 꿈을 이루어 주는 강운 파워를 날라다 줍니다.

그리고 이 청소력은 꿈의 실현이나 회사의 발전 등, 자신이 성공하기 위해서는 반드시 다른 사람과의 관계가 필요하다는 것을 가르쳐 줍니다.

지금까지 소개한 사례들을 생각해 보면 아시리라고 생각
합니다.

모든 인간이 발전해 가는데 소중한 마인드가 '감사'인
것입니다.
우주의 번영 에너지와 연결되기 위해서는 '세계는 자기
를 위해서'라고 하는 마인드를, '자기는 세계를 위해서'
라고 하는 마인드로 전환시키는 것이 최고의 방법입니다.

당신이 행복해지기 위해서는 주위를 행복하게 하십시오.
이것은 동시에 주위가 행복해지면, 당신도 행복하게 된
다는 것입니다.

자, 우선은 명확한 비전을 가져 봅시다.
그리고 걸레를 들고 '고맙습니다'라고 소리내어 말하면
서 청소를 실천해 주십시오.

이제 운명에 흔들리는 당신은 없습니다.

운명을 자유자재로 바꿀 수 있습니다.

미래도 생각한 대로 됩니다.

그렇습니다, 운명이란 당신 자신이 만들어 가는 것입니다.

　내가 존경하는 경영 컨설턴트인 고(故) 이치쿠라 씨만큼 환경 정비, 즉 청소의 지도를 기업에 철저하게 행한 사람은 없다고 생각합니다.

　이치쿠라 씨는 이렇게 말했습니다.

　"환경 정비란 규율, 청결, 정돈, 안전, 위생의 다섯 가지를 행하는 것입니다. 많은 사람들은 환경 정비에 대해서 잘 아는 것 같지만 실은 잘 모릅니다. 중요한 것이므로 하지 않으면 안 된다고 생각하면서도 여간해서는 적극적으로 실시하려고 하지 않습니다. 환경 정비를 테마로 한 논문이나 세미나 등도 찾아보기 어렵습니다. 환경 정비에 대한 인식이나 관심도 약

힙니다. 저한테 말하라면, 이렇게 기묘한 현상은 없다고 말하겠습니다.

마치 10캐럿의 다이아몬드가 여기저기 굴러다니는 보석 산에 들어가서, 누구라도 자유롭게 그 보석을 주워도 좋다고 말해도 아무도 그것을 주우려고 하지 않는 것과 같습니다. 그래서 기묘한 현상이라고 말한 것입니다.

이것이 환경 정비에 관한 많은 사람들의 인식입니다. 맹점 중의 맹점이라고 하겠죠."(이치쿠라 사다무의 사장학)

게다가 환경 정비야말로 모든 사람들의 활동의 원점이고, 환경 정비가 없는 곳은 회사의 성공도, 국가의 번영도 있을 수 없다고 말합니다.

이치쿠라 씨의 말을 빌리면,

'10캐럿의 다이아몬드가 굴러다니는 보석의 산'의 가치를,

그 보석 산의 장소를,

또 그것을 줍는 방법을

저는 '청소력'을 통해서 전하고 싶다고 생각합니다.

제**4**장

21일째,
당신은 성공자 체질이 된다!

강렬한 작심삼일을 권함

이런 질문을 자주 받습니다.

"청소력을 습관화하고 싶지만, 저는 작심삼일인 경우가 많아서 바로 이것저것 변명을 늘어 놓고는 그만둘 것 같아요. 어떻게 하면 좋을까요?"

이런 분들에게 저는 이렇게 말합니다.

"작심삼일도 좋지 않나요?"

인간은 집중해서 무엇인가를 할 때에는 기껏해야 3일 정도밖에 지속하지 못한다고 합니다. 따라서 저는 일부러 작심삼일을 강력하게 추천하는 편입니다.

이것을 저는 '작심삼일법'이라고 합니다.

청소력을 시작하는 사람은 '운명을 호전시킬 거야'라는 강한 목적의식을 갖고 있으므로 일단 시작하면 실제로 운명이 호전되기 시작합니다.
그러므로 의외로 오래 지속할 수 있지만 시작하기 전에는 역시 여러 가지로 부정적인 생각을 하기 쉽습니다.

언제나 '작심삼일→ 어중간한 자기 자신→ 어중간한 인생→ 결론 = 무엇을 해도 안 되는 자기 자신'이었기 때문에 이번에도 그렇게 되지 않을까 하는 불안감이 듭니다.

하지만 안심하십시오.
청소력은 3일간만 계속할 수 있으면 괜찮습니다.
최초의 청소력인 '마이너스를 제거하는 청소력'으로 먼지, 습기, 쓰레기, 불필요한 물건, 더러움, 곰팡이 등 마이너스의 에너지를 유발하는 것들을 제거하는 것은 실은 대단한 집중력과 인내력이 요구됩니다.

그러므로 3일간만이라도 실천한 후에는 과거의 자기와 결별하고 새롭게 태어나는 것이 가능합니다.

저는 작심삼일법으로 '어쨌든 3일간 집중해서 청소를 하십시오' 라고 말합니다. 우선 3일간 계속한다고 강하게 결의하는 것이 중요합니다. 그리고 3일간 계속하기에 성공하면 거기에서 자기 자신을 칭찬해 주면 더욱 좋습니다.

그리고 또 3일간 청소를 하기 시작합니다.

3일 계속하고 또 자신을 칭찬합니다.

그리고 다시 3일 계속합니다.

이렇게 작심삼일을 연속함으로써 흐름을 만들고 계속해 나가는 것입니다.

물론 도중에 그만두게 되어도 그것은 휴일이므로 신경 쓸 필요는 없습니다.

'그래 잘 쉬었어. 다시 내일부터 3일간 시작하자!'

이런 감각을 잡기 시작하면 의외로 무엇이라도 계속할 수 있습니다.

청소력 작심삼일→ 칭찬 받는다→ 기쁘다→ 또 작심삼일→ 자신이 붙는다→ 2일간 쉰다→ 다시 작심삼일→또 작심삼일……. 그 결과 '운명의 호전!'입니다.

이 작심삼일법은 청소에만 해당되는 것이 아니라 모든 것에 응용할 수 있습니다.

예를 들면, 저는 이 책의 원고를 새벽 4시에 일어나서 쓰고 있습니다. 하지만 제 친구들이 들으면 '그건 있을 수 없는 일이야!'라고 단언할 것입니다. 사실 저는 완전한 올빼미형 인간이기 때문입니다.

그렇지만 요즘엔 정말로 새벽 4시에 일어나고 있습니다!

작심삼일법을 적용한 덕분입니다.

'내 인생에서 적어도 3일만은 4시에 일어난다' 라고 강하게 결의하고 실행에 옮겼습니다.

그리고 3일째 되는 날에는 '4시에 일어나기를 보기 좋게 성공했어. 스스로 생각해도 내가 존경스러워!' 라고 칭찬을 해 주었습니다.

일도 보통 때보다 2배에서 3배를 더 했기 때문에 자신감도 붙고 너무 기뻐서 오늘은 하루 쉬고, 내일부터 다시 3일간 계속해 볼 생각입니다.

21일째, 강력한 파워가 생긴다

어떠세요? 작심삼일법, 한 번 해 볼 만하겠죠?

작심삼일법으로 3일간 실천할 수 있다면 당신은 성공 감각을 얻을 수 있고 또 청소력의 위력을 서서히 피부로 느낄 수 있을 것입니다.

다음으로 도전하기를 권하는 것이 작심삼일을 7번 계속하는 것입니다.

7번 계속하면 3×7=21이니까 '21일간' 청소력을 실천한 것이 됩니다.

이것이 '21일 파워법' 입니다.

왜 21일이냐고요?

21은 옛날부터 매우 파워가 있는 숫자로 알려져 있고 그에 관한 여러 가지 설도 있습니다.

산술적으로 말하면, 7이라는 승리, 완전의 숫자에 최소 단위로 무엇인가를 완성하는 수 3을 곱한 수입니다.

승리의 수 7×3으로 3배 더 강한 행운의 숫자가 됩니다.

또 신께 기도 드릴 때 10번을 1회로 2회 계속하고 거기에 한 번 더 기도를 드리면 소원이 이루어 진다는 옛풍습이 있습니다.

마케팅 이론에서는 고객과의 양호한 관계를 쌓을 때에 Follow Mail이나 DM을 7일 간격으로 3회 보내면, 반응율이 높아진다는 통계 데이터가 있습니다.

청소력은 어떨까요?

다소 개인차는 있겠지만, 청소력을 시작해서 21일째가

되는 날을 전후해서 대부분의 사람들은 놀라운 효과를 느끼기 시작하고, 거기에서 넘쳐 흐르는 파워를 얻는 사람들이 속출하고 있습니다.

21일간 계속한 언저리에서 그 무엇인가가 잠재 의식에 영향을 미쳤겠지요.

작심삼일법을 마음 먹고 시작했다면, 작심삼일×7회로 21일째의 파워와 달성감을 반드시 체험해 보시기 바랍니다.

습관 형성의 법칙에서는 3일 계속하면 1주일 계속하고, 1주일 계속하면 1개월 계속하고, 1개월 계속하면 3개월, 그 후로 반년, 1년 계속하고 3년 계속하면 그것이 습관이 된다고 합니다.

'작심삼일법'은 실천할 수 있는 계기이고, '21 파워법'은 그것을 습관화하는 프로세스로 사용해 보십시오.

청소로 깨달음을 얻었던
주리반특(周利槃特)

　청소의 습관화로 깨달음까지 얻게 되었던 부처님의 제자 '주리반특' 의 이야기를 들려드리겠습니다.

　'반특' 은 머리가 나쁘고 멍청하다고 언제나 사람들에게 바보 취급을 받고 있었습니다.

　얼마나 멍청했던지 가끔은 자기 이름마저 잊어 버릴 정도였다고 합니다.

　다른 불제자들로부터 바보 취급을 받고 있던 '주리반특' 은 자신의 멍청함에 탄식을 하고, 불제자를 그만두겠다는 생각으로 부처님을 찾아 갔습니다.

"부처님, 저는 너무 멍청해서 이제 이곳에 있을 수가 없습니다."

그때 부처님은 그에게 이렇게 말씀하셨습니다.

"자신을 어리석다고 아는 사람은 결코 어리석지 않은 사람이다. 자신을 현명하다고 생각하는 사람이야말로 정말 어리석은 것이지."

순간, 제자를 그만두려고 굳게 마음먹었던 '반특'은 무언가로 머리를 얻어맞은 듯 멍하니 서 있었습니다.

부처님은 계속해서 말씀하셨습니다.

"너는 어려운 설법은 전혀 모르는 것 같으니, 한 가지만 가르쳐 주마. 여기 빗자루가 있으니 이 빗자루를 가지고 마당을 쓸어라. 낙엽을 쓸든지 쓰레기를 쓸든지 하거라. 그때 '먼지를 털고, 때를 벗겨라' 라고 반복해서 말하면서

빗자루로 쓸도록 하거라.'

부처님의 말씀을 듣고 기뻐한 '반특'은 절대 그 말씀을 잊지 않고 '먼지를 털고 때를 벗겨라'라고 소리내면서 매일 청소를 하였습니다.

그렇게 1년이 지나고 2년, 5년, 10년이 지나도록 한결같이…….

처음에는 바보 취급을 했던 다른 제자들도 점차로 그에게 경의를 표하게 되었습니다. 이윽고 부처님께서 말씀하신 것을 그저 묵묵히 계속 하는 모습에 주위 사람들은 마음으로부터 존경하게 되었던 것입니다.

'반특'은 청소를 계속하는 중에 '아아, 인간도 마찬가지다. 마음 속에 있는 먼지나 때를 없애는 것이 중요한 것이야.'라고 깨달았습니다.

그리고, 마침내 '반특'은 불교에서 말하는 '아라한(阿羅漢)'의 경지에 도달했습니다.

'아라한(阿羅漢)'이란 반성 수행을 함으로써 마음의 더러움이나 흐린 상태를 없애고 제1단계의 깨달음을 얻는 것입니다.

'주리반특'은 부처님의 가르침을 순수하게 받아들이고 우직하게 실천하는 것으로 다른 우수한 제자보다 훨씬 빨리 깨달음을 얻은 것입니다.

여기에서의 '깨달음'이란 현대를 살아가는 우리들에겐 '성공'이라는 말과 같은 의미라고 볼 수 있습니다.

집중해서 매일매일 빗자루를 들고 청소를 계속한 것이 '주리반특'의 인생을 호전시켜서 마침내 깨달음의 문을 열게 했던 것입니다.

성공법칙의 원점

경영의 신이라고 불리우는 '마쓰시타 고노스케'는 생전에 '마쓰시타전기'의 공장 대청소가 있는 날에는 반드시 그 공장에 시찰을 갔다고 합니다.

화장실 청소가 구석구석까지 잘 되어 있는지를 확인하고, 더러운 구석이 눈에 띄면 직접 걸레와 양동이를 들고 화장실 청소를 했다는 이야기는 너무도 유명합니다.

또 만년에 일본의 미래를 짊어질 지도자를 스스로 육성하겠다는 특별한 결의 아래, 사재 700억 원을 털어서 설립한 '마쓰시타 정경숙'에서도 청소를 중심으로 가르쳤다고 합니다.

어느 날, 학생 중 한 사람이 질문을 했습니다.
"왜 청소를 하지 않으면 안됩니까?"
그러자 마쓰시타 씨는 격렬한 어투로 말했습니다.
"자기 자신의 주변을 청소하지 못하는 사람이 어떻게 국가와 천하를 청소할 일을 할 수 있습니까?"

마쓰시타 씨는 정경숙의 학생들에게 '정치나 경제 공부를 잘하고 있습니까?' 라고 묻지 않고 늘 '확실하게 청소를 하고 있습니까?' 라고 물었다고 합니다.
이렇게 경영의 신이라고 불리워지는 마쓰시타 고노스케 씨의 원점은 청소에 있었던 것입니다.

여기까지 읽으신 분들은 벌써 눈치채셨겠죠?
청소력에는 모든 성공 법칙의 원점이 있습니다.
최근에는 여러 가지 방법으로 꿈을 이룬다든지, 행운의

흐름에 올라타는 방법이 세간에 나돌고 있습니다.

확실히 그것들은 획기적으로 보이고, 사람에 따라서는 효과적이라고 생각됩니다.

하지만, 청소력이야말로 누구나 간단히 할 수 있고, 그 효과도 눈에 보여서 쉽게 알 수 있습니다.

또 성공법칙의 중요한 포인트인 '습관화' 도 하기 쉽습니다.

이것은 많은 위대한 선인들 모두가 당연한 것처럼 청소의 소중함을 역설하고, 실천하고 있는 것으로도 알 수 있습니다.

세계를 청소력으로
빛나게 하고 싶다!

　현재 저는 '청소력 연구회'를 설립해서 기업을 위한 환경 정비 컨설팅을 하고 있습니다. 이 일을 하면서 통감하는 것은 청소의 힘을 알지 못하는 사람이 생각보다 많다는 것입니다.

　음식점인데도 화장실이 더럽고, 공조시설은 먼지가 가득하고, 주방은 기름기로 끈적끈적하고…….

　그런 환경을 방치하고도 매출이 오르지 않는다며 상담하러 오는 사장님이 많습니다. 놀라운 일이지요.

저는 그들에게 언제나 이렇게 말합니다.

"청소로 회사는 확실히 변합니다."

'청소력 연구회'에서는 우선 마이너스 자장으로 되어 있는 곳을 정합니다.

그리고 진료 기록 카드를 만들고 철저한 계획을 세운 다음, 프로 청소 스태프를 투입하여 완벽하게 청소를 하도록 합니다. 이렇게 해서 발전하지 않은 회사는 없습니다.

이 청소력으로 기업을 활기차게 만들고, 그 기업들이 세계에 공헌할 수 있는 기업으로 성장하길 바랍니다.

저는 이 청소력을 전세계적으로 확산시켜 나갈 생각입니다.

국경을 넘고 인종을 넘어서, 전세계 사람들이 모두 깨끗하게 청소를 하는 이미지를 언제나 마음 속에 그리고 있습니다.

지금 저의 꿈은 '세계를 청소력으로 빛나게 하는 것'입니다.

그래서 언젠가 '세계 청소의 날'을 만들고 싶습니다.

그날은 지구에 감사하고, 세계 각국에서 동시에 청소를 하는 것입니다.

전쟁도 일시적으로 휴전하고, 무기를 정리 정돈하고, 더 이상 필요 없게 된 핵 미사일은 마음 먹고 과감히 버렸으면 좋겠습니다.

각국의 수뇌가 한 곳에 모여 청소를 하는 모습도 상상해 봅니다.

전세계의 사람들이 함께 청소를 하고 땀을 흘리다 보면, 지구인으로서의 동료 의식이 생기고 우정도 생겨나겠지요.

지구도 기뻐해 줄 것입니다.

이런 꿈을 실현시키고 싶습니다.

그러기 위해서는 우선은 여러분 한 사람 한 사람의 꿈이 이루어져야 되겠죠?

당신도 청소력을 통해 크게 발전할 수 있습니다.

그래서 발전하면 저에게 힘을 빌려 주십시오.

그리고 청소력의 훌륭함을 전파해 주십시오.

당신의 운명을 대 역전시키고 싶지 않으세요?

자신의 운명, 자신의 인생을 역전시키고 싶다면 용기를 가지고 걸레를 손에 드세요.

그리고 눈 앞에 있는 것을 한 번 닦아 보세요.

거기서부터 미래가 바뀝니다.

청소력을 계속해서 실천해 가면, 반드시 길이 열립니다.

현재, 커다란 고민의 늪에 빠져 있는 분에게도 반드시 길이 보일 것입니다.

운명은 반드시 호전되어집니다.

그런 당신이 있음으로 인해 주변도 활기차집니다.

무엇이든 시작할 의욕이 생기고 꿈을 가질 수 있습니다.

희망을 갖습니다.

점점 꿈이 이루어집니다.
점점 행복해집니다.

이 모든 것이 바로 '청소력' 때문입니다.

후기

원고를 마치고, 아내와 함께 집안 대청소를 했습니다.

이 책을 쓰기 시작하기 전에도 청소를 했는데, 그때는 불
필요한 것을 모아 쓰레기 봉투를 네 개나 채워서 버렸습니
다.

그로부터 3개월밖에 지나지 않았는데 다시 쓰레기가 여
섯 봉투나 나왔습니다. 심경의 변화에 따라서 불필요하다
고 느끼는 것도 점점 바뀐다고 생각합니다.

레인지 후드도 분해해서 끈적끈적한 기름을 철저하게

닦아냈습니다. 부엌, 세면장, 세탁기 주변, 욕실의 배수구도 속까지 반짝반짝합니다. 발코니도 씻고, 유리도 닦고, 마지막으로 걸레질을 하여 오염을 추방시켰습니다. 볶은 소금을 뿌리고, 청소기로 빨아들여서 상쾌한 자장 공간이 완성되었습니다.

언제나처럼 "감사의 공간"을 만들려고 생각해서 걸레로 한 번 닦고 "대단히 감사합니다." 라고 말하는 순간, 왠지 눈물이 멈추지 않고 흘러 내렸습니다.

감사하는 기분이 가슴 깊숙한 곳으로부터 몇 번이나 올라오는 것입니다.

지금까지 받기만 했던 인생을 반성하고 "그래 이제부터는 주는 입장이 되자. 사회에 공헌하자." 라는 결의를 하고, 이 책을 세상에 내놓게 되었습니다.

그 과정에서 많은 사람들의 도움을 받아 완성할 수 있었습니다.

결국 또 엄청나게 받게 된 것입니다.

특히 소고호레이 출판사의 가네코 씨에게 말로 표현할 수 없을 정도로 도움을 받았습니다. 대단히 감사합니다.

우에데 씨, 당신의 협력이 있었기에 이 책을 완성할 수 있었습니다. 감사합니다.
오기타 선생님, 몇 번이나 보내 주신 격려의 메일, 감사 드립니다.

그리고 같이 새벽 4시에 일어나서 원고를 쓰는 것을 도와 준 아내, 레이.
당신의 다정함과 헌신, 사랑에 가슴으로부터 감사합니다. 고마워!
끝으로 무수히 많은 책 중에서 이 책을 골라서 끝까지 읽어 주신 당신, 독자 여러분께 마음 깊이 감사드립니다.
대단히 고맙습니다.

저의 '공헌 여행'은 이제 막 시작됐을 뿐입니다.

창문을 통해 들어와서 빠져 나가는 상쾌한 바람처럼, 투명함을 잃지 않고 앞으로도 청소력을 확대해 나가고 싶습니다.

감사의 에너지가 넘쳐나는

미나토구의 방에서

자신의 운명, 자신의 인생을 역전시키고 싶다면
용기를 가지고 걸레를 손에 드세요.
그리고 눈 앞에 있는 것을 한 번 닦아 보세요.
거기서부터 미래가 바뀝니다.

행복한 자장(磁場)을 만드는 힘
청 소 력

1판 1쇄 2007년 1월 15일
1판 31쇄 2014년 7월 17일

지은이 | 마스다 미쓰히로
옮긴이 | 우지형

펴낸이 | 조용상
기　획 | 곽동언
펴낸곳 | 나무한그루
등록번호 | 제 313-2004-000156호

주소 | 서울시 마포구 합정동 373-4(독막로 10) 성지빌딩 713호
전화 | (02)333-9028
팩스 | (02)333-9038
이메일 | namuhanguru@empal.com

ISBN 978-89-91824-09-6　03320

나무한그루는 (주)맥앤담의 출판 부문 임프린트입니다.

값 | 9,000원
*잘못 만들어진 책은 구입하신 서점에서 교환해 드립니다.